Inhalt

Ich begleite dich durch dieses Heft. Ich lebe im Meer und bin unter verschiedenen Namen bekannt: Tintenfisch, Oktopus oder Krake.

Es gibt verschiedene Möglichkeiten, wie du an Informationen gelangen kannst.

In einem Lexikon nachschlagen

Es gibt viele verschiedene Lexika, ganz allgemeine oder solche zu einem bestimmten Thema, z. B. Tiere oder Länder.
Manche Lexika sind noch spezialisierter, sie befassen sich z. B. nur mit Spinnen oder mit Pilzen.

- Überlege, worüber du etwas wissen möchtest. Wie heißt das Thema?
- Suche ein passendes Lexikon aus.
- Die Stichwörter im Lexikon sind nach dem Alphabet geordnet. Überlege dir ein passendes Stichwort. Suche an der richtigen Stelle.
- Lies den Text zu deinem Stichwort genau durch.
- Hast du die Antwort auf deine Frage gefunden? Falls nicht, schaue in einem anderen Lexikon nach oder nutze eine andere Möglichkeit, dich zu informieren.

Lexika und Fachbücher kannst du in einer Bibliothek ausleihen. Dort kannst du häufig auch im Internet recherchieren.

In einem Fachbuch nachlesen

Zu vielen Themen gibt es Fachbücher. Sie enthalten sehr viele Informationen zu einem bestimmten Thema.

- Wähle ein passendes Fachbuch aus.
- Schaue dir das Inhaltsverzeichnis an. In welchem Kapitel könnte etwas zu deiner Frage stehen?
- Überfliege das Kapitel. Findest du eine Antwort?
- Lies das Kapitel, in dem du Informationen zu deiner Frage gefunden hast, genau.

Internetrecherche

Sprich „Internetreschersche".

- Öffne deinen Internetbrowser.
- Im Internet gibt es verschiedene
  Suchmaschinen. Sie helfen dir,
  Internetseiten zu bestimmten Themen
  zu finden. Suchmaschinen für Kinder
  sind z. B. www.blinde-kuh.de,
  www.helles-koepfchen.de, www.milkmoon.de.

  Gib eine dieser Adressen oder die einer anderen Suchmaschine in
  den Browser ein.

- Auf der Startseite findest du ein weißes Feld.
  Daneben befindet sich ein Feld „Suchen".

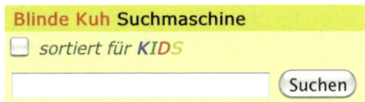

Klicke in das weiße Feld und schreibe
deinen Suchbegriff hinein.
Der Suchbegriff ist das Thema, zu dem
du etwas herausfinden (recherchieren) möchtest.

Klicke nun auf „Suchen".

- Es erscheint eine Liste mit Internetseiten zu dem Suchbegriff.
  Du kannst sie anklicken und auf diesen Seiten recherchieren.

Achtung!
Prüfe bei jeder Seite, ob die Informationen für dich wichtig sind.
Achte bei deiner Recherche darauf, wer die Internetseite
geschrieben und gestaltet hat. Ist es ein Experte für das Thema
oder hat der Schreiber eine bestimmte Absicht?

Experten befragen

Überlege, wer sich mit dem Thema, das dich interessiert, besonders
gut auskennt. Dieser Person kannst du deine Fragen stellen.

Finde den richtigen Weg.
Starte bei der Schallquelle.

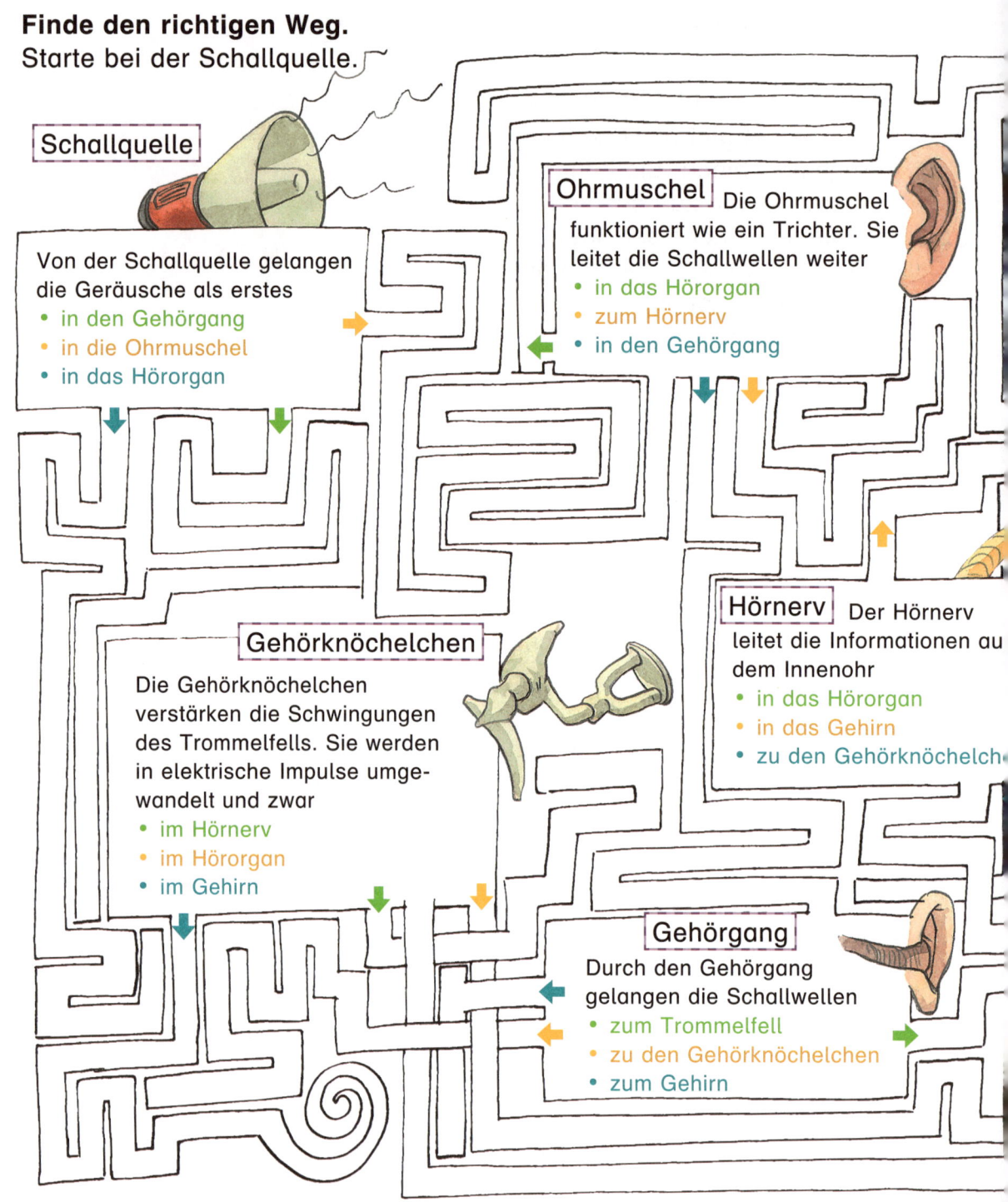

Schallquelle

Von der Schallquelle gelangen
die Geräusche als erstes
- in den Gehörgang
- in die Ohrmuschel
- in das Hörorgan

Ohrmuschel Die Ohrmuschel
funktioniert wie ein Trichter. Sie
leitet die Schallwellen weiter
- in das Hörorgan
- zum Hörnerv
- in den Gehörgang

Gehörknöchelchen

Die Gehörknöchelchen
verstärken die Schwingungen
des Trommelfells. Sie werden
in elektrische Impulse umgewandelt und zwar
- im Hörnerv
- im Hörorgan
- im Gehirn

Hörnerv Der Hörnerv
leitet die Informationen au
dem Innenohr
- in das Hörorgan
- in das Gehirn
- zu den Gehörknöchelch

Gehörgang
Durch den Gehörgang
gelangen die Schallwellen
- zum Trommelfell
- zu den Gehörknöchelchen
- zum Gehirn

Wie heißen die Gehörknöchelchen?

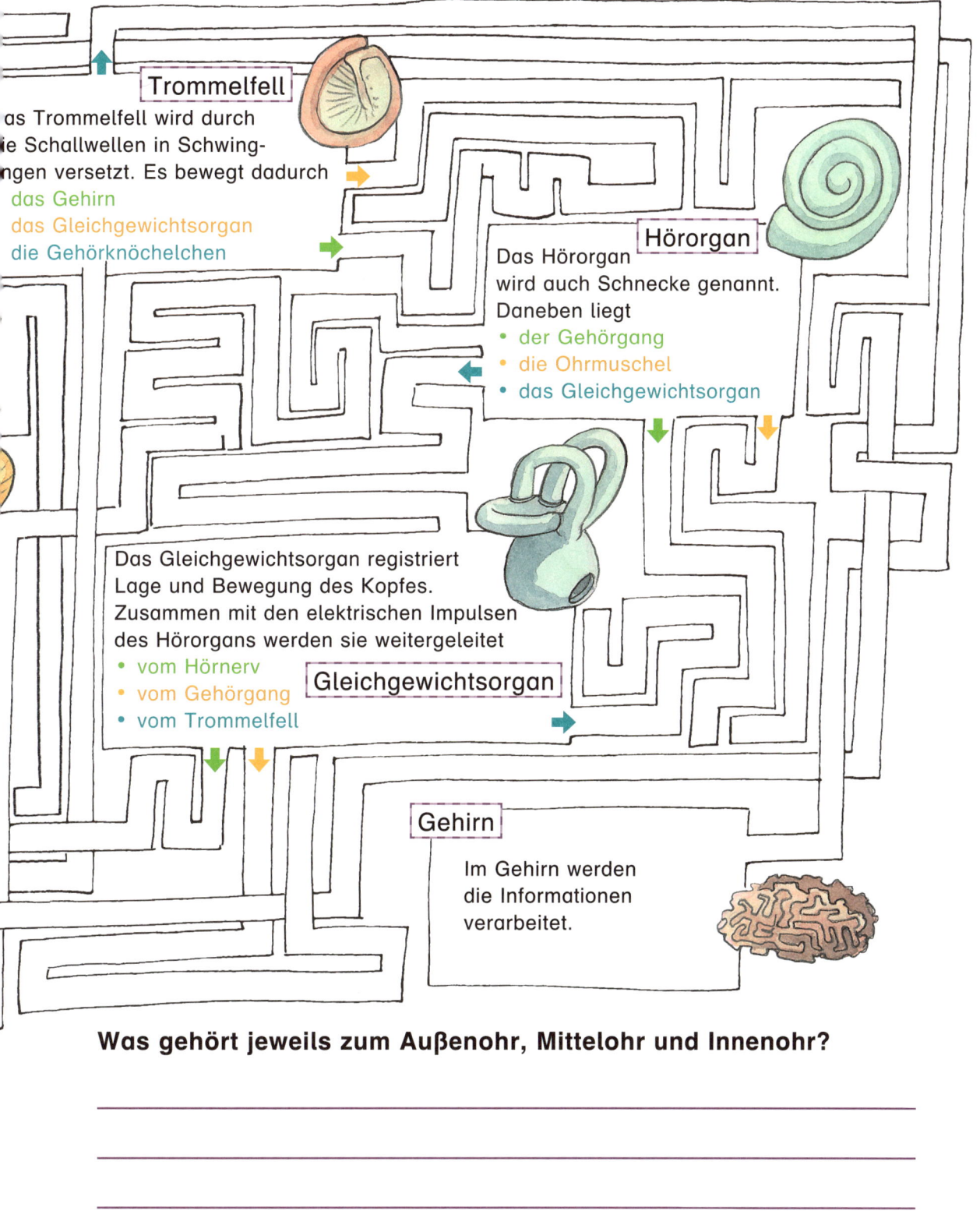

Trommelfell

as Trommelfell wird durch
ie Schallwellen in Schwing-
ngen versetzt. Es bewegt dadurch
das Gehirn
das Gleichgewichtsorgan
die Gehörknöchelchen

Hörorgan

Das Hörorgan
wird auch Schnecke genannt.
Daneben liegt
• der Gehörgang
• die Ohrmuschel
• das Gleichgewichtsorgan

Das Gleichgewichtsorgan registriert
Lage und Bewegung des Kopfes.
Zusammen mit den elektrischen Impulsen
des Hörorgans werden sie weitergeleitet
• vom Hörnerv
• vom Gehörgang
• vom Trommelfell

Gleichgewichtsorgan

Gehirn

Im Gehirn werden
die Informationen
verarbeitet.

Was gehört jeweils zum Außenohr, Mittelohr und Innenohr?

_____

_____

_____

Hast du die Seite fertig bearbeitet? Dann darfst du dir hinten Sterne auf die Nummern 161 und 154 kleben.

5

1. Sie verhindern, dass Fremdkörper und Schweiß von der Stirn ins Auge gelangen.

2. Es gibt eines oben und eines unten.
   Das Obere kann geöffnet werden.

3. Diese Härchen befinden sich an den Lidrändern und fangen Fremdkörper wie kleine Insekten und Staub ab.

4. Sie hält das Auge feucht und spült Fremdkörper hinaus.

5. Wenn sich das Lid schließt, ohne dass du es steuerst, nennt man das …

6. Sie kann verschiedene Farben haben.
   Man nennt sie auch Rebenbogenhaut.

7. In der Mitte der Regenbogenhaut liegt dieses Sehloch.
   Es kann vergrößert oder verkleinert werden.

8. Sie besteht aus Knochen. Das Auge liegt darin gut geschützt.

Hast du die Seite fertig bearbeitet? Dann darfst du dir hinten einen Stern auf die Nummer 105 kleben.

Durch die vorgewölbte **Hornhaut** tritt das Licht in das Auge ein.
Es durchquert die **Augenkammer**. Sie liegt genau hinter der Hornhaut.
Durch das Sehloch, die **Pupille**, gelangt das Licht nun zur Linse.
Ist es sehr hell, verkleinert die **Iris** die Pupille. Es gelangt weniger
Licht in das Augeninnere. Ist es dunkler, vergrößert die Iris die Pupille,
damit mehr Licht ins Augeninnere gelangen kann. Die **Linse** sorgt
dafür, dass auf der Netzhaut ein scharfes Bild entsteht. Die Linse ist
elastisch. Durch den **Ringmuskel** kann sie unterschiedlich geformt
werden.
Auf dem Weg von der Linse auf die Netzhaut durchquert das Licht
den **Glaskörper**. Er gibt dem Auge seine runde Form und ist mit einer
durchsichtigen zähen Flüssigkeit gefüllt. Auf der **Netzhaut** wird das
Licht in Informationen für das Gehirn umgewandelt. Der **Sehnerv** leitet
diese Informationen an das Gehirn weiter.

**Beschrifte die Zeichnung mit den farbig markierten Fachbegriffen
aus dem Text.**

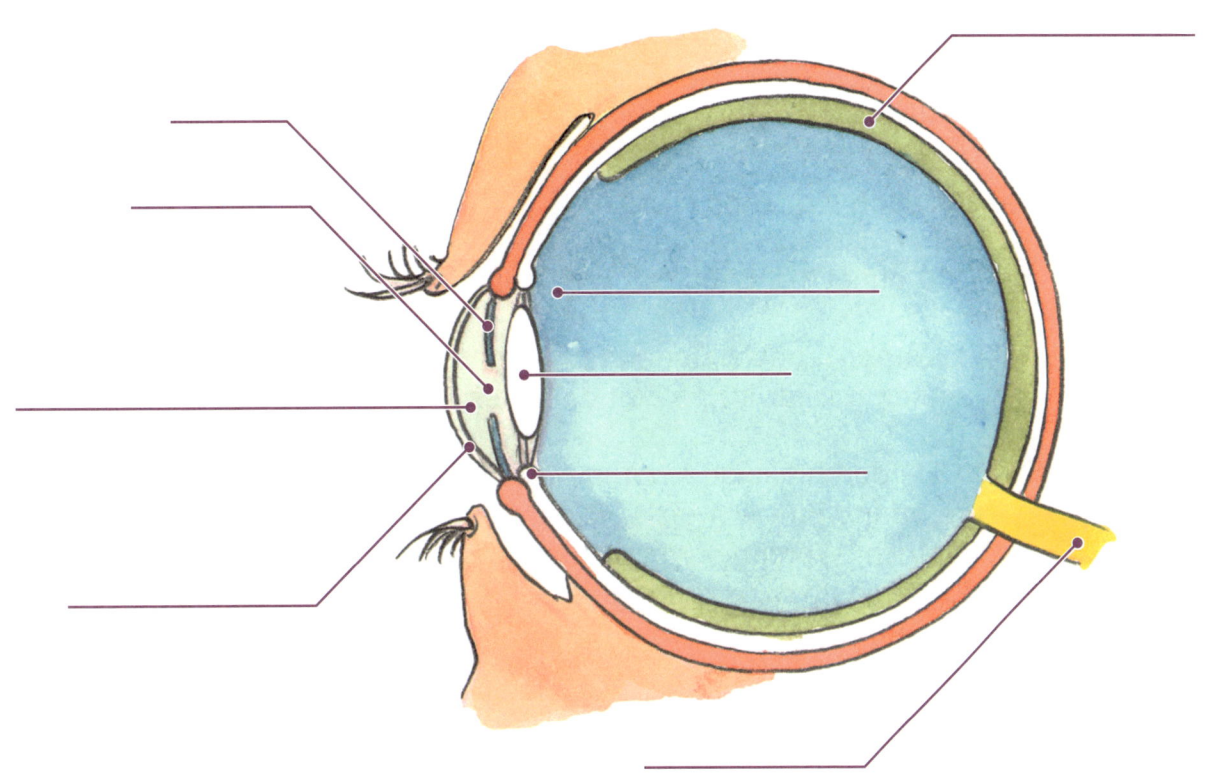

Versuch 1

1a: Wie lange kannst du aushalten, ohne zu atmen?
1b: Wie oft atmest du pro Minute ein und aus?
1c: Wie oft atmest du pro Minute ein und aus, nachdem du zwei Minuten gerannt bist?

Versuch 2

Blase Luft durch ein Blatt Papier. Blase Luft durch ein Papiertaschentuch. Was stellst du fest?

Versuch 3

Atme kräftig in die Tüte. Halte die Tüte mit einer Hand zu. Drücke mit der anderen Hand die Luftmenge fest zusammen, bis ein praller Ballon entsteht. Fahre mit einem Folienstift unter deiner Hand entlang.

Fülle nun Wasser anstelle der Luft ein. Schiebe die Wassermenge genauso zusammen wie zuvor die Luft. Beachte dabei deine Markierung. Jetzt kannst du mit einem Messbecher die Wassermenge abmessen.

Welcher Versuch zeigt dir was?

☐ Ein Kind atmet 1-2 Liter Luft pro Atemzug ein.

☐ Unser Körper braucht Sauerstoff, deshalb atmen wir immer. Wir können nur für kurze Zeit den Atem anhalten.

☐ Durch die durchlässige Haut in den Lungenbläschen gelangt Sauerstoff ins Blut wie die Luft durch das dünne Papiertaschentuch. Wenn der Körper den Sauerstoff verbraucht hat, bleibt Kohlenstoffdioxid übrig, das auf diesem Weg zurück in die Lunge gelangt, von wo wir es ausatmen.

☐ Du atmest automatisch schneller, wenn du dich anstrengst.

☐ Du atmest immer ruhig und gleichmäßig. Auch beim Schlafen atmest du weiter.

Herz und Lunge arbeiten bei der Atmung zusammen. Sie sind so wichtig, dass sie im Körper besonders gut geschützt sind.
Von den Rippen umgeben liegen sie wie in einem Käfig in deinem Körper. Wenn sich das Zwerchfell am unteren Rand der Lunge zusammenzieht, wird die Lunge größer. Luft strömt durch Mund, Nase und die Luftröhre in die Lunge. Die Luft strömt weiter in die feinen Verästelungen, die Lungenbläschen, und transportiert so den Sauerstoff dorthin.

Beschrifte:

Lungenbläschen | Luftröhre | Mund und Nase | Zwerchfell | Lunge | einatmen | ausatmen

Wie kommt der Sauerstoff ins Blut? Kreuze an.

	richtig	falsch
Wenn du schläfst, ruht sich auch deine Lunge aus und arbeitet nicht.		
Die Lunge kann sich selbst bewegen und wird größer oder kleiner.		
Nur wenn sich das Zwerchfell zusammenzieht, wird die Lunge größer.		
Die Haut der Lungenbläschen ist sehr dick.		

Hast du die Seite fertig bearbeitet? Dann darfst du dir hinten einen Stern auf die Nummer 158 kleben.

9

Taste vorsichtig deinen Körper ab.

Wo stößt du auf etwas Hartes? Das sind deine Knochen.

Probiere aus:

Untersuche die Knochen deiner Hand. Taste ab:

Aus wie vielen Knochen besteht dein Zeigefinger?

Aus wie vielen Knochen besteht dein Daumen?

Kennst du die wichtigsten Knochen in deinem Skelett? Beschrifte.

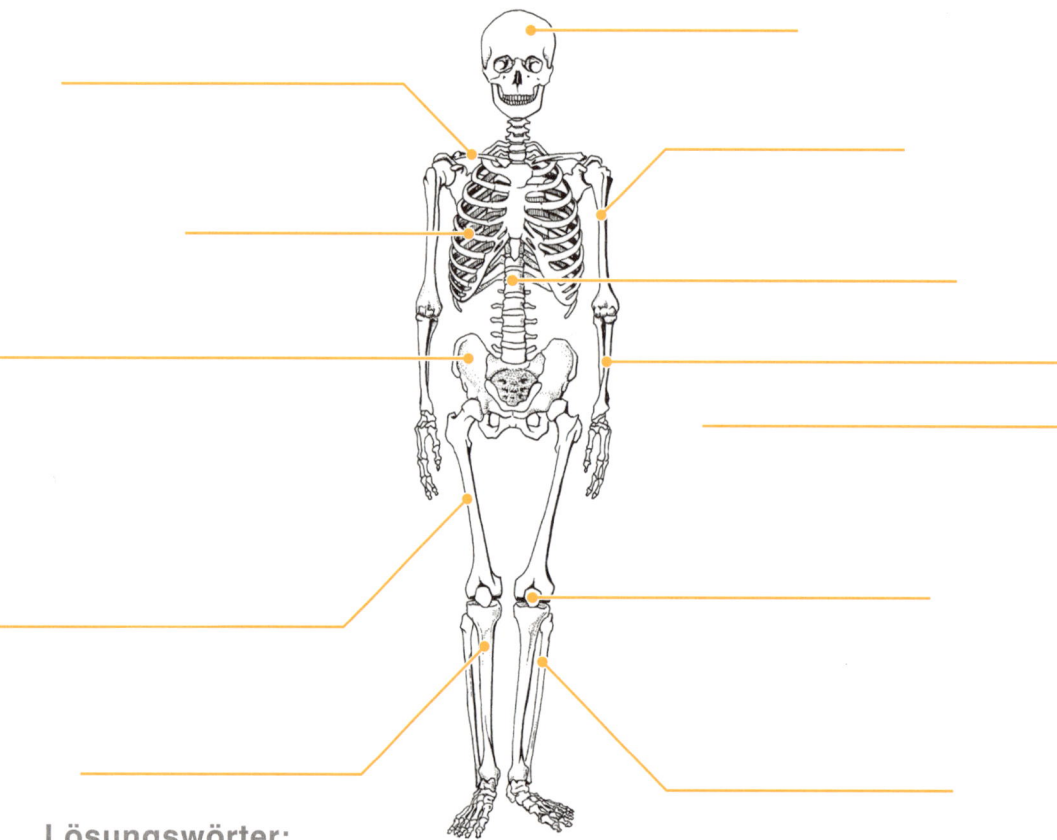

Lösungswörter:

Schlüsselbein | Wirbelsäule | Rippen | Beckenknochen | Schädel |
Wadenbein (im Unterschenkel) | Schienbein (im Unterschenkel) |
Unterarm mit Elle und Speiche | Oberarm | Oberschenkel |
Kniescheibe

Ein Erwachsener hat 206 unterschiedliche Knochen. Knochen schützen und stützen deinen Körper. Die Knochen selbst kann man nicht bewegen. Dafür sind die Gelenke zuständig.

Wo sind deine Gelenke? Probiere es an deinem Körper aus. Markiere diese Stellen in dem Skelett auf der linken Seite farbig.

Was haben alle Gelenke gemeinsam?

_____

_____

_____

Das **Kugelgelenk** ist am beweglichsten. Es sieht aus wie eine Kugel, die sich in einer genau passenden Schale rollen lässt. Damit kannst du dich in fast alle Richtungen bewegen. Hüft- und Schultergelenke sind Kugelgelenke: Du kannst Arme und Beine nach vorne und hinten, nach rechts und links und nach innen und außen drehen.

Beim **Sattelgelenk** sehen die beiden Gelenkteile ähnlich aus, sie liegen nur versetzt aufeinander und sehen aus wie ein Sattel. Der Daumen ist mit einem solchen Sattelgelenk mit der Hand verbunden. Mit dem Daumen kann man Vor- und Rückwärtsbewegungen und Bewegungen von einer Seite zur anderen machen.

Das **Scharniergelenk** sieht aus wie das Scharnier einer Tür. Eine Tür kannst du nur öffnen und schließen, auch das Scharniergelenk kannst du nur nach hinten und vorne bewegen. Ellenbogen- und Kniegelenke sind Scharniergelenke. Unterarme und Unterschenkel kann man beugen und strecken.

Hast du die Seite fertig bearbeitet? Dann darfst du dir hinten einen Stern auf die Nummer 184 kleben.

11

Sicher hast du Freunden schon einmal deine Muskeln gezeigt: Du ballst die rechte Hand zur Faust und bewegst den ausgestreckten Arm nach oben. Dabei kannst du sehen, wie am Oberarm dein (Beuge-)Muskel nach oben geht. Willst du deinen Arm nun strecken, brauchst du einen zweiten Muskel. Muskeln können sich nur zusammenziehen und benötigen zum Strecken einen Gegenspieler, einen anderen Muskel. Ein Muskel spannt sich an und zieht. Gleichzeitig entspannt sich der „Gegenspieler-Muskel". So sorgen Muskeln dafür, dass die Knochen sich an den Gelenkstellen bewegen.

Probiere aus:

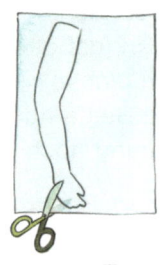

Schneide aus Karton einen Arm aus.

Durchtrenne ihn in der Mitte und klebe ihn dann mit Tesafilm wieder zusammen (das wird der bewegliche Ellenbogen).

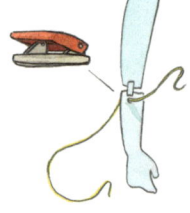

Knipse nun mit dem Locher knapp unter dem Ellenbogen ein Loch.

Führe durch das Loch eine Schnur. Klebe sie gespannt auf der oberen Seite und der unteren Seite des Arms an der Schulter mit Klebestreifen fest.

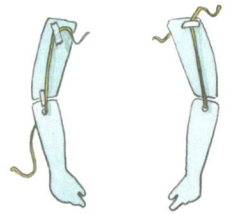

Wenn du nun am Beugemuskel ziehst, geht dein Arm nach oben. Ziehst du am Streckmuskel, streckt sich der Arm.

Jeder Mensch hat etwa 650 Muskeln. Wenn du Sport treibst, werden deine Muskeln größer, du wirst stärker.
Alle Muskeln brauchen Nahrung und Sauerstoff, um zu arbeiten.

Keine Sorge, dein Herz ist der einzige Muskel, der keinen Muskelkater bekommt!

Dein Herz ist auch ein Muskel, ungefähr so groß wie eine Faust. Es schlägt jeden Tag über 100.000-mal. Bei jedem Herzschlag zieht sich der Herzmuskel zusammen, pumpt Blut durch deinen Körper und versorgt ihn so mit Sauerstoff und Nährstoffen.

Forsche nach:

Spürst du, wie dein Herz das Blut durch die Adern pumpt? Lege den Zeigefinger an dein Handgelenk oder an den Hals – hier kannst du den Pulsschlag fühlen.
Kreuze an.

Ich spüre meinen Herzschlag		
	...in Ruhe	...nach Bewegung
schnell		
langsam		
stark		
schwach		

Überprüfe dein Wissen. Kreuze die richtigen Aussagen an:

☐ Jeder Muskel kann sich selbstständig strecken.

☐ Ein Muskel kann sich nur zusammenziehen und braucht einen Partner, der ihn wieder streckt.

☐ Muskeln bleiben immer gleich stark.

☐ Muskeln kannst du durch Sport trainieren und so vergrößern.

☐ Muskeln verbrauchen Blut.

☐ Muskeln verbrauchen Sauerstoff und Nährstoffe.

☐ Das Herz schlägt immer gleich schnell.

☐ Das Herz schlägt schneller, wenn es mehr Sauerstoff und mehr Nährstoffe transportieren muss.

Alles, was wir essen, wird auf einer 9 Meter langen Reise durch unseren Körper in Nährstoffe verwandelt. Diese Reise der Nahrung durch deinen Körper dauert 15 bis 48 Stunden.

Beschrifte und kontrolliere:

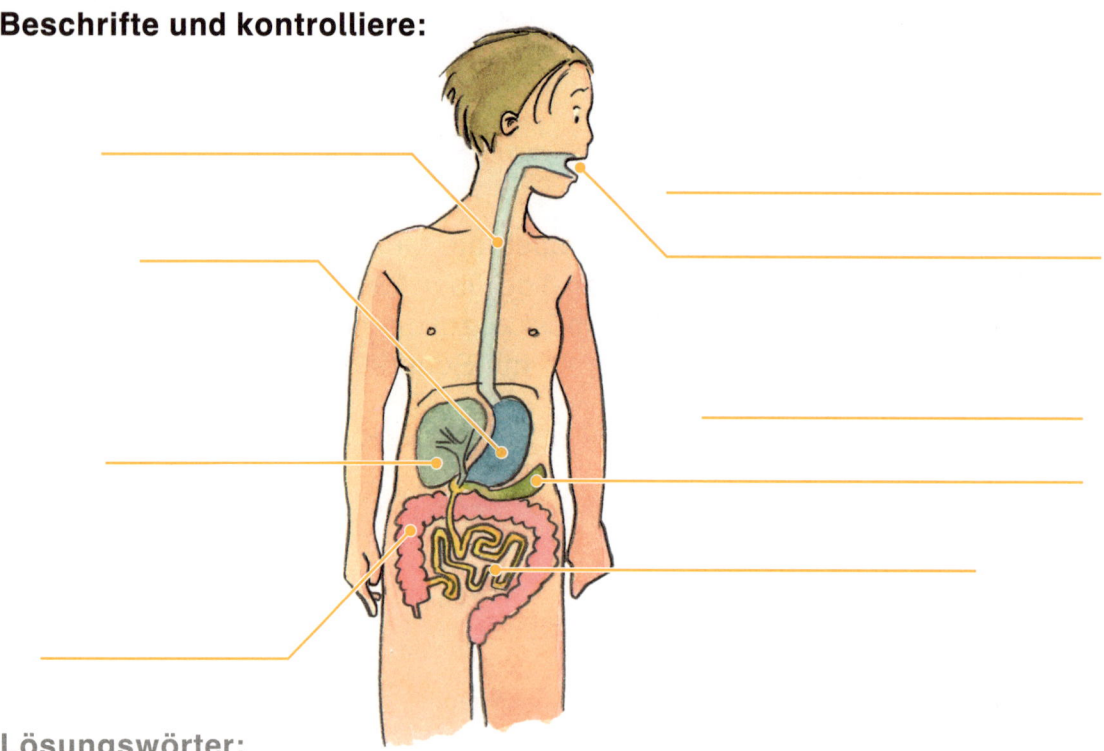

Lösungswörter:

Mund mit Zähnen und Speichel | Speiseröhre | Leber | Magen | Bauchspeicheldrüse | Dünndarm | Dickdarm

Stecke einen kleinen Ball tief in einen Strumpf.
Dieser Ball ist ein Stück Brot, der Strumpf deine Speiseröhre. Halte nun den Strumpf mit einer Hand unten fest. Mit der anderen Hand drückst du so auf den Strumpf, dass der Ball nach oben wandert.

Warum kannst du auch schlucken, wenn du auf dem Kopf stehst?

_____

_____

_____

**Finde den richtigen Weg der Nahrung durch einen Körper.
Nummeriere.**

☐ Von der Speiseröhre wird der Essensbrei in den Magen geführt.

☐ Im Dünndarm kommen Verdauungssäfte von der Leber und
von der Bauchspeicheldrüse dazu.

☐ Im Dickdarm helfen Bakterien die letzten Nährstoffe herauszuholen. Dabei entstehen Gase. Der Rest wird zu Kot. Du musst
zur Toilette. Das passiert etwa alle 1-3 Tage.

☐ Die Verdauung fängt im Mund an. Du beißt in ein Brot und
zerkaust es mit den Zähnen.

☐ Im Magen wird der Brei von der Magensäure noch einmal
zerkleinert. Dann rutscht er in den Dünndarm.

☐ Die Verdauungssäfte lösen im Dünndarm die Nährstoffe aus
deinem Brotbrei und leiten sie in dein Blut.

☐ Der Speichel wird mit dem Essensbrei vermischt und du schluckst
den Brei durch die Speiseröhre hinunter.

Lege eine Eierschale in ein Glas.
Bedecke die Schale mit Essig.
Warte und beobachte.

Warum müssen Menschen pupsen?

_____

_____

_____

Eine gesunde Ernährung ist für den Körper wichtig, denn er benötigt viele Nährstoffe, um gesund zu bleiben. In der Ernährungspyramide kannst du erkennen, von welchen Lebensmitteln man viel und von welchen man wenig essen sollte.

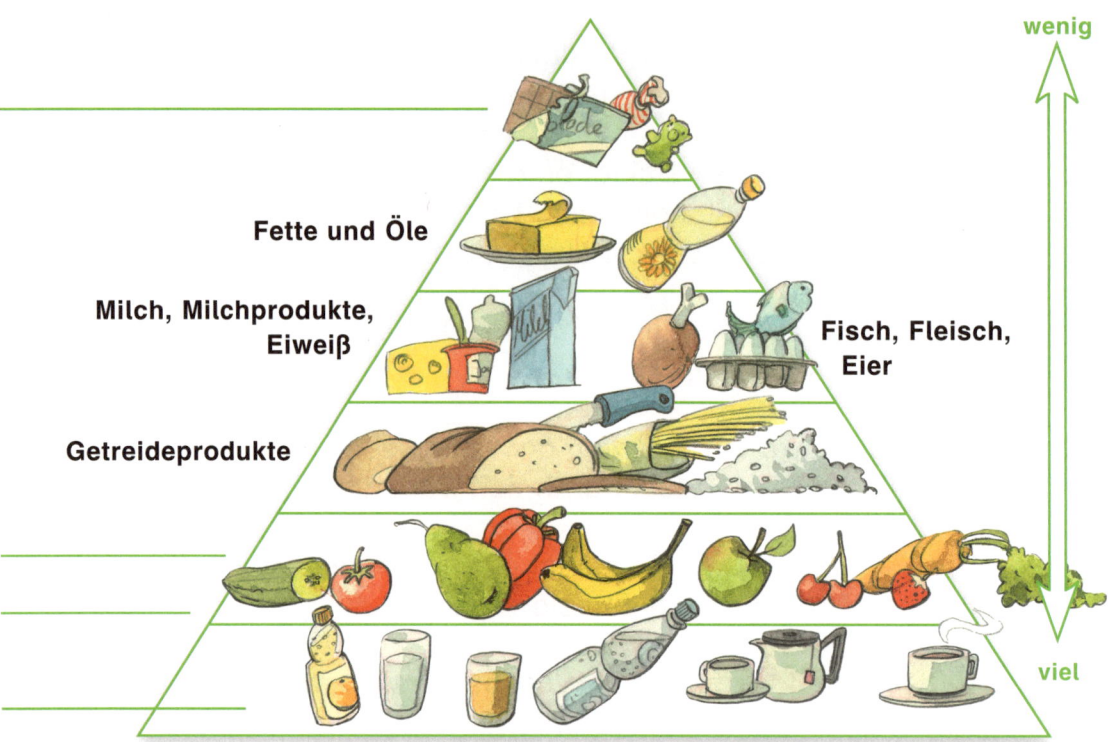

wenig

_____

Fette und Öle

Milch, Milchprodukte, Eiweiß

Fisch, Fleisch, Eier

Getreideprodukte

_____

_____

viel

_____

Trage die fehlenden Lebensmittelgruppen ein.

Von welchen Getränken solltest du viel trinken? Welche Getränke solltest du eher vermeiden?

Gesunde Getränke: _____

Weniger gesunde Getränke: _____

Wie heißen die abgebildeten Gemüse- und Obstsorten?

Obst: _____

Gemüse: _____

Nenne Beispiele für Getreideprodukte.

_____

Ernährungsregeln

- Iss mehrere Mahlzeiten am Tag und grundsätzlich nur, wenn du Hunger hast.
- Iss abwechslungsreich und wähle dabei aus verschiedenen Lebensmittelgruppen.
- Trinke ausreichend. Dein Körper benötigt etwa 2 Liter Flüssigkeit am Tag.
- Achte darauf, möglichst viel Obst und Gemüse zu essen.
- Iss nur wenig Fett und Zucker.
- Putze dir regelmäßig die Zähne.

Erstelle einen gesunden Speiseplan für einen Tag. Achte dabei darauf, die Ernährungsregeln einzuhalten. Die Ernährungspyramide hilft dir dabei.

Hast du die Seite fertig bearbeitet? Dann darfst du dir hinten einen Stern auf die Nummer 132 kleben.

17

Unser Körper benötigt Nährstoffe, damit er richtig arbeiten kann.

Diese Nährstoffe sind in der Nahrung, die wir zu uns nehmen, enthalten. Die wichtigsten Nährstoffe sind: Eiweiß, Fett, Kohlenhydrate, Zucker, Vitamine, Mineralien und Ballaststoffe.

In den Lebensmittelgruppen sind verschiedene Nährstoffe in unterschiedlichen Mengen enthalten.

Süßigkeiten liefern meistens nur viel Zucker und Fett. Bekommt der Körper zu viel davon, kann er krank werden.

Fette und Öle versorgen den Körper mit Energie. Darin sind auch Vitamine enthalten.

Milchprodukte, Fleisch, Eier und Fisch liefern vor allem Mineralstoffe, Vitamine und Eiweiß aber auch Fette. Die Eiweiße benötigt der Körper, um zu wachsen und für den Knochenaufbau.

Obst und Gemüse enthalten viele Vitamine, Mineralstoffe und Ballaststoffe. Bekommt der Körper zu wenig Vitamine und Mineralstoffe, dann wird man schnell müde. Ballaststoffe helfen bei der Verdauung.

Getreideprodukte liefern insbesondere Kohlenhydrate. Sie versorgen den Körper mit Energie.

Welche Aufgaben haben die einzelnen Nährstoffe? Verbinde.
Die Texte auf Seite 18 helfen dir dabei.

Energielieferant   Ballaststoffe

                                    Vitamine

Fitmacher   Fette

                                    Eiweiße

Wachstumshelfer   Mineralstoffe

Verdauungshelfer   Kohlenhydrate

Joghurt
mit mind. 3,8 % Fett

Nährwerte je 100 g
durchschnittlich

Brennwert	273 kJ
	(65 kcal)
Eiweiß	3,4 g
Kohlenhydrate	4,4 g
davon Zucker	4,4 g
Fett	3,8 g
davon ungesättigte	
Fettsäuren	2,5 g
Ballaststoffe	0,0 g
Natrium	0,05 g

Limonade

Nährwertangaben
je 100 ml

Brennwert	180 kJ
	(42 kcal)
Eiweiß	0 g
Kohlenhydrate	10,6 g
davon Zucker	10,6 g
Fett	0 g
Ballaststoffe	0 g
Natrium	0 g

Nudeln

100 g enthalten
durchschnittlich

Brennwert	1526 kJ
	(360 kcal)
Eiweiß	11,5 g
Kohlenhydrate	75,0 g
Fett	1,5 g

Auf den Verpackungen steht, was in den einzelnen Lebensmitteln enthalten ist.

Worin ist viel und worin wenig von den einzelnen Nährstoffen enthalten? Trage in die Tabelle ein.

	Fett	Kohlenhydrate	Eiweiß	Zucker
am meisten				
am wenigsten				

Untersuche weitere Lebensmittel auf ihre Inhaltsstoffe.

Hast du die Seite fertig bearbeitet? Dann darfst du dir hinten Sterne auf die Nummern 147 und 167 kleben.

19

Versuch 1:

Fülle ein Marmeladenglas mit Eiswürfeln und verschließe es. Trockne es außen gut ab. Beobachte.

Beobachtung

_____

_____

_____

Versuch 2:

Fahre mit einem nassen Schwamm oder Tuch über ein dunkles Papier. Beobachte. Du kannst auch einen Föhn daraufhalten.

Beobachtung

_____

_____

_____

_____

Versuch 3:

Fülle einen kleinen Plastikbecher oder eine Spritze mit Wasser. Markiere den Wasserstand mit einem Filzstift. Dann kommt der Behälter über Nacht in ein Gefrierfach. Was passiert?

Beobachtung

_____

_____

_____

_____

_____

Zu welchem Versuch passen die Bilder?
Schreibe die passende Zahl in die Kästchen unter den Bildern.

Flüssiges Wasser

Wenn wir von **Wasser** sprechen, meinen wir in der Regel Wasser in flüssigem Zustand. Wasser ist farblos, geruchlos und geschmacklos. Wasser in gasförmigen Zustand wird durch Abkühlung wieder flüssig. Das Wasser **kondensiert**. Das kannst du am Glasdeckel eines Kochtopfes beobachten.

Gasförmiges Wasser

Wasser kann auch unsichtbar sein und in die Luft aufsteigen.
Das Wasser **verdunstet**. Es ist dann gasförmig.
Wenn man einen Topf mit Wasser erwärmt, kann man sehen, wie der **Wasserdampf** in die Luft steigt. Das geht umso schneller, je wärmer das Wasser ist.

Festes Wasser

Wasser wird fest, wenn es auf 0° Celsius oder darunter abkühlt. Das Wasser **gefriert**. Festes Wasser nennt man **Eis**. Im Winter sieht man oft Eiszapfen. Sie sind gefrorenes Wasser. Wenn es draußen wärmer wird, **schmelzen** sie und werden wieder flüssig.

Fülle das Schaubild aus. Die farbig markierten Begriffe helfen dir dabei.

Hast du die Seite fertig bearbeitet? Dann darfst du dir hinten einen Stern auf die Nummer 186 kleben.

21

> **Du benötigst:** • mehrere flache Glasschälchen oder Gläser
> • Teelöffel
> • Salatöl, Zucker, Mehl, Pfeffer, Kaffeepulver
> • Wasser

Was passiert, wenn du die Stoffe in das Wasser gibst?
Beobachte genau. Rühre dann um.

Trage deine Beobachtungen in die Tabelle ein.
Was kannst du nach 10 Minuten beobachten?

Stoff	Vor dem Umrühren	Nach dem Umrühren	Nach 10 Minuten
Zucker			
Salatöl			
Mehl			
Pfeffer			
Kaffeepulver			

Ordne die Stoffe den passenden Begriffen zu.

wasserlöslich _____

setzt sich ab _____

wasserunlöslich _____

schwimmt oben _____

Kannst du das Kaffeepulver auch wieder vom Wasser trennen?
Wie würdest du vorgehen? Was benötigst du? Schreibe deine
Vermutung auf. Probiere aus.

Das benötige ich: _____

Das vermute ich: _____

_____

_____

Meine Beobachtung: _____

_____

Welche Stoffe von Seite 22 kann man auch auf diese Art trennen?
Begründe.

_____

_____

Kannst du diese Begriffe erklären?

• Filtern _____

_____

• Abschöpfen _____

_____

• Verdampfen _____

_____

• Verdunsten _____

_____

Hast du die Seite fertig bearbeitet? Dann darfst du dir hinten einen Stern auf die Nummer 173 kleben.

23

Wenn Du eine Münze ins Wasser wirfst, sinkt sie. Wie du schon weißt, gibt es Gegenstände, die schwimmen und Gegenstände, die sinken. Hier kannst du mehr darüber erfahren.

Du benötigst:

- Folienstift
- Lineal
- Ein nicht zu großes durchsichtiges Gefäß
- einen Korken und einen etwa gleich großen Stein

Fülle das Gefäß halbvoll mit Wasser. Markiere den Wasserstand. Gib nun nacheinander den Korken und den Stein ins Wasser und miss, wie weit das Wasser gestiegen ist.

Trage deine Ergebnisse in die Tabelle ein.

Gegenstand	schwimmt	schwimmt nicht	Wasseranstieg in mm
Stein			
Korken			

Was fällt dir auf? Vervollständige den Lückentext.
Die Wörter helfen dir dabei: sinkt | schwimmt | stark | wenig

Wenn ein Gegenstand im Becher _____ ,

dann steigt das Wasser _____ an.

Wenn ein gleich großer Gegenstand im Becher _____ ,

dann steigt das Wasser _____ an.

Du benötigst:

- einen Plastikhandschuh
- eine Wanne mit Wasser oder das Spülbecken

Ziehe den Handschuh an und tauche deine Hand ganz ins Wasser.
Was spürst du?

_____

_____

Du benötigst:

- Ein nicht zu großes, durchsichtiges Gefäß
- Korken und Stein vom Versuch auf S.24
- eine flache Schale
- Digitalwaage

Wiege den Korken und den Stein.
Trage das Gewicht in die Tabelle ein. Stelle das Gefäß in die Schale und fülle es randvoll mit Wasser. Gib die Gegenstände nacheinander ins Wasser. Drücke sie, wenn notwendig, mit einem Löffel ganz auf den Boden. Wiege das Wasser, das übergelaufen ist. Trage in die Tabelle ein.

Gegenstand	Gewicht des Wassers	Gewicht des Gegenstandes
Stein		
Korken		

Was fällt dir auf? Vervollständige den Lückentext.

Ein Gegenstand, der untergeht, verdrängt _____ Wasser als er wiegt.

Ein gleich großer Gegenstand, der schwimmt, verdrängt _____ Wasser als er wiegt.

Bestimmt warst du schon im Schwimmbad und konntest dort spüren, dass Wasser viel Kraft hat. Dein Körper fühlt sich im Wasser leicht an. Das Wasser drückt ihn nach oben. Diese Kraft nennt man **Auftrieb**. Im ersten Versuch hast du erfahren, dass Gegenstände, die sinken, mehr Wasser wegdrücken als gleich große Gegenstände, die an der Oberfläche schwimmen. Diese Kraft nennt man **Verdrängung**. Ein ganz unter Wasser gedrückter Gegenstand verdrängt so viel Wasser, wie er wiegt.

Ob etwas schwimmt, hängt auch von der Form ab. Nimm dir einen Klumpen Knete und forme ihn einmal so, dass er schwimmt und einmal so, dass er sinkt.

Hast du die Seite fertig bearbeitet? Dann darfst du dir hinten einen Stern auf die Nummer 84 kleben.

25

Ordne die Kärtchen richtig zu, indem du den passenden Buchstaben aus dem Bild dazuschreibst.

☐ Aus Schmelzwasser und Quellen entstehen Flüsse.

☐ Aus Flüssen, Seen, dem Boden und Pflanzen verdunstet Wasser. Ein Teil fließt ins Meer zurück.

☐ Wasserteilchen in der Luft kühlen ab und schließen sich zu Wolken zusammen.

☐ Die Wasser- oder Eisteilchen werden schwerer und fallen auf die Erde hinab.

☐ Wasser versickert im Boden, wird von Pflanzen aufgenommen oder fließt in Flüsse, Seen und das Meer.

☐ Wasser wird durch die Sonne erwärmt und verdunstet aus dem Meer.

Hast du die Seite fertig bearbeitet? Dann darfst du dir hinten einen Stern auf die Nummer 96 kleben.

Durch die Wärme der Sonne und den Wind befindet sich das Wasser auf der Erde in einem ständigen Kreislauf.

Flüssiges Wasser verdunstet, das heißt, es wird gasförmig und steigt in die Höhe. Wenn das verdunstete Wasser in kalte Luftschichten kommt, bilden sich Wolken. Wenn sich dort größere Tropfen oder Eiskristalle gebildet haben, fallen sie als Regen, Schnee oder Hagel auf die Erde zurück.

Dadurch wird alles, was lebt, Pflanzen, Tiere und auch wir Menschen, immer wieder mit sauberem Wasser versorgt. Ein Teil des Wassers fließt wieder ins Meer zurück oder gelangt über das Grundwasser zu Quellen und Brunnen, ein weiterer Teil wird von den Pflanzen aufgenommen oder verdunstet direkt wieder und speist so den unendlichen Kreislauf des Wassers.

So kannst du deinen eigenen Wasserkreislauf bauen:

1. Gib etwas Kies und darauf Gartenerde in ein großes Glas. Gieße die Erde etwas, damit sie feucht ist. Säe Kresse oder Gras im Glas.

2. Lege eine Folie auf das Glas und befestige sie mit einem Gummi, sodass keine Luft hinein und kein verdunstetes Wasser heraus kann.

3. Stelle das Glas auf ein Fensterbrett. Beobachte nun die nächsten Tage, was mit den Pflanzen passiert. Gieße nicht, aber kontrolliere, was du innen an der Folie sehen kannst.

Notiere deine Beobachtung: _____

_____

_____

Hast du die Seite fertig bearbeitet? Dann darfst du dir hinten einen Stern auf die Nummer 136 kleben.

27

Wind ist nichts anderes als bewegte Luft. Unsere Erde ist von einer Hülle voll Luft umgeben. Diese Luft hat große Kraft und ist fast überall.

Schneide aus Papier eine Schlange aus (wie auf dem Bild).
Befestige ihr Schwanzende dann an einem Faden und halte sie über eine warme Heizung oder eine Glühlampe.

Beschreibe, was du siehst. Erkläre, was die warme Luft macht:

_____

_____

_____

_____

_____

_____

_____

So entsteht Wind: Warme Luft steigt nach oben über die kalte Luft, kalte Luft rutscht unter die warme Luft.

In der Natur heizt die Sonne die Luft auf. Die Luft kühlt wieder ab, wenn die Sonne hinter Wolken verschwindet oder in der Nacht die Luft nicht mehr erreicht. Auch über dem Meer kühlt die Luft durch das Wasser, das verdunstet, schneller ab.

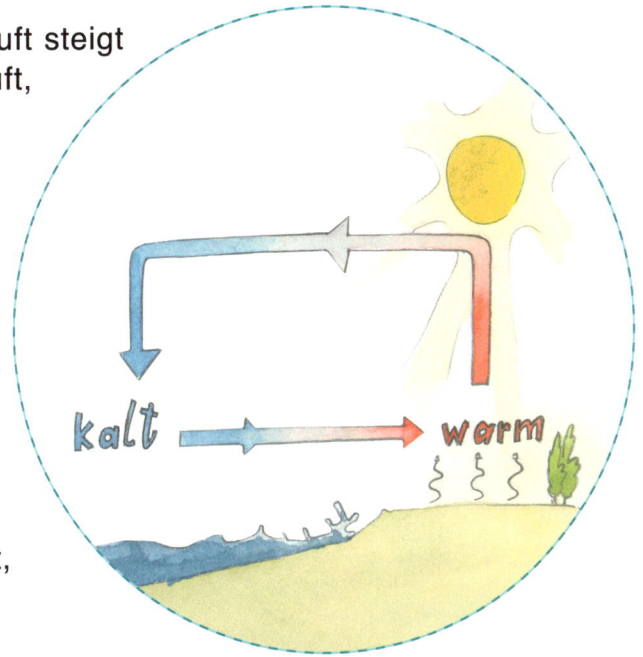

Nimm von einem Papiertaschentuch das dünnste Stück Papier.
Wenn es draußen kalt ist, öffne eine Tür und halte das Papier zuerst unten, dann oben in die Türöffnung.
Was beobachtest du?

oben: _____

unten: _____

Kannst du mithilfe des Bildes oben diesen Versuch erklären?

_____

_____

_____

_____

_____

Hast du die Seite fertig bearbeitet? Dann darfst du dir hinten einen Stern auf die Nummer 181 kleben.

29

Wenn es kalt ist, kann man mit seiner Atemluft kleine Wolken machen. Im Badezimmer können sich Wolken bilden, wenn man heiß badet und von draußen kalte Luft hereinkommt.

Mit diesem Versuch kannst du auch Wolken machen:

1. sehr warmes Wasser

2. Eiswürfel

3. kleine Schüssel in die große und schwenken

Hast du genau beobachtet? Die feuchtwarme Luft aus der großen Schüssel hat sich mit der kalten Luft um die Eiswürfel herum vermischt. Kleine Wasserteilchen kondensieren. So entstehen Wolken.

In der Natur bilden sich ganz unterschiedliche Wolken. Das hat mit dem Wind, der Feuchtigkeit und der Temperatur der Luft zu tun. Wolken können uns deshalb auch etwas über das kommende Wetter verraten.

Beobachte in der nächsten Zeit die Wolken am Himmel und notiere zu den unterschiedlichen Wolkenarten, wie das Wetter nach ihrem Erscheinen wird.
(Schreibe: R = Regen, Sch = Schnee, b = bedeckt, sb = stark bedeckt, lb = leicht bedeckt, w = wolkenlos)

Schäfchenwolken

Datum				
Uhrzeit				
4 Std. später				
1 Tag später				

Schleierwolken

Datum			
Uhrzeit			
4 Std. später			
1 Tag später			

Haufenwolken

Datum				
Uhrzeit				
4 Std. später				
1 Tag später				

Hast du die Seite fertig bearbeitet? Dann darfst du dir hinten Sterne auf die Nummern 106 und 177 kleben.

31

Wasser, das durch Sonnenwärme und mithilfe des Windes aus dem Boden, dem Meer, aus Flüssen, Seen und Pflanzen verdunstet, steigt in die Höhe. Wird die Luft kälter, kondensiert das verdunstete Wasser. Die kleinen Wasserteilchen schließen sich zu winzigen Wassertropfen und Eiskristallen zusammen. Es bilden sich Wolken. Das Wasser der Wolken kommt als Regen, Schnee oder Hagel zur Erde zurück. Diese drei nennt man auch Niederschläge.

Regen

Wenn sich in einer Wolke winzige Wassertröpfchen zu größeren Tropfen zusammenschließen, werden sie irgendwann so schwer, dass sie als Regen zur Erde fallen. Auch Eiskristalle fallen aus den Wolken, wenn sie schwer genug sind. Wenn es auf ihrem Weg zum Erdboden wärmer wird, schmelzen sie. Vom Himmel fällt dann Regen.

Schnee

Bei einer Lufttemperatur unter 0° C bilden sich aus dem verdunsteten Wasser Schneekristalle. Dabei heftet sich das gasförmige Wasser an winzige Schmutzteil-

chen in der Luft zu sechsarmigen Eiskristallen an. Wenn immer mehr solcher winzigen Eiskristalle zusammenkleben, werden sie irgendwann so schwer, dass sie zur Erde hinabfallen. Wenn es auf ihrem Weg nach unten kalt bleibt, schmelzen sie nicht und es schneit Schneeflocken. Jede Schneeflocke ist ein kleines Kunstwerk der Natur, keine sieht aus wie die andere.

Hagel

In Gewitterwolken gefriert das verdunstete Wasser um Schmutzteilchen in der Luft herum. Sie fallen ein Stück nach unten, wo sich neues Wasser an das Eis anheftet. Starke Winde heben die Eiskörner wieder in kalte Luftschichten, wo das Wasser erneut anfriert. Wenn das öfter passiert, kann ein Hagelkorn so groß wie ein Tennisball werden, bevor es zu schwer ist und zur Erde fällt.

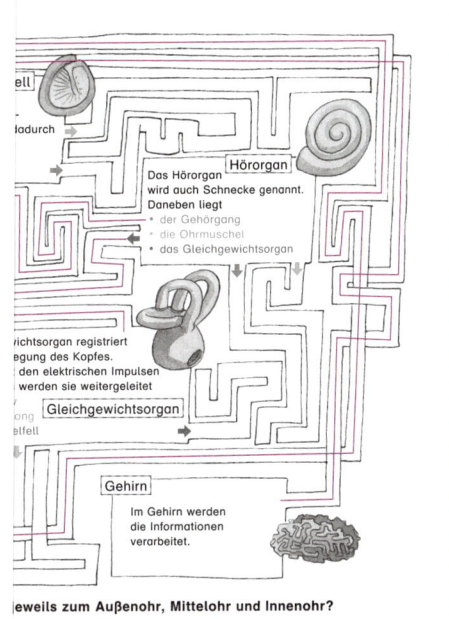

Das Hörorgan wird auch Schnecke genannt. Daneben liegt
- der Gehörgang
- die Ohrmuschel
- das Gleichgewichtsorgan

Hörorgan

...wichtsorgan registriert
...egung des Kopfes.
...den elektrischen Impulsen
... werden sie weitergeleitet

...ang
...elfell

Gleichgewichtsorgan

Gehirn

Im Gehirn werden die Informationen verarbeitet.

...jeweils zum Außenohr, Mittelohr und Innenohr?

...ar: Ohrmuschel und Gehörgang
...hr: Tommelfell und Gehörknöchelchen
...hr: Hörorgan und Gleichgewichtsorgan

---

fangen Fremdkörper wie kleine Insekten und Staub ab.
4. Sie hält das Auge feucht und spült Fremdkörper hinaus.
5. Wenn sich das Lid schließt, ohne dass du es steuerst, nennt man das ...
6. Sie kann verschiedene Farben haben.
   Man nennt sie auch Rebenbogenhaut.
7. In der Mitte der Regenbogenhaut liegt dieses Sehloch.
   Es kann vergrößert oder verkleinert werden.
8. Sie besteht aus Knochen. Das Auge liegt darin gut geschützt.

1. AUGENBRAUEN
2. LID
3. WIMPERN
4. TRÄNENFLÜSSIGKEIT
5. LIDSCHLUSSREFLEX
6. IRIS
7. PUPILLE
8. AUGENHÖHLE

SEHVERMÖGEN

...rgewölbte Hornhaut tritt das Licht in das Auge ein.
...t die Augenkammer. Sie liegt genau hinter der Hornhaut.
...hloch, die Pupille, gelangt das Licht nun zur Linse.
...ell, verkleinert die Iris die Pupille. Es gelangt weniger
...Augeninnere. Ist es dunkler, vergrößert die Iris die Pupille,
...Licht ins Augeninnere gelangen kann. Die Linse sorgt dafür, dass auf der Netzhaut ein scharfes Bild entsteht. Die Linse ist elastisch. Durch den Ringmuskel kann sie unterschiedlich geformt werden.
Auf dem Weg von der Linse auf die Netzhaut durchquert das Licht den Glaskörper. Er gibt dem Auge seine runde Form und ist mit einer durchsichtigen zähen Flüssigkeit gefüllt. Auf der Netzhaut wird das Licht in Informationen für das Gehirn umgewandelt. Der Sehnerv leitet diese Informationen an das Gehirn weiter.

Beschrifte die Zeichnung mit den farbig markierten Fachbegriffen aus dem Text.

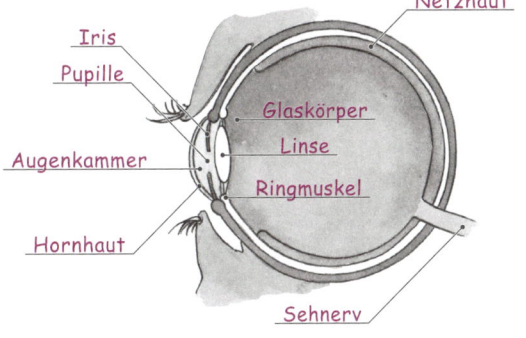

Netzhaut

Iris

Pupille

Glaskörper

Augenkammer

Linse

Ringmuskel

Hornhaut

Sehnerv

220001/92

Lösungen

Versuch 1

1a: Wie lange kannst du aushalten, ohne zu atmen?
1b: Wie oft atmest du pro Minute ein und aus?
1c: Wie oft atmest du pro Minute ein und aus, nachdem du zwei Minuten gerannt bist?

Versuch 2

Blase Luft durch ein Blatt Papier. Blase Luft durch ein Papiertaschentuch. Was stellst du fest?

Versuch 3

Atme kräftig in die Tüte. Halte die Tüte mit einer Hand zu. Drücke mit der anderen Hand die Luftmenge fest zusammen, bis ein praller Ballon entsteht. Fahre mit einem Folienstift unter deiner Hand entlang.

Fülle nun Wasser anstelle der Luft ein. Schiebe die Wassermenge genauso zusammen wie zuvor die Luft. Beachte dabei deine Markierung. Jetzt kannst du mit einem Messbecher die Wassermenge abmessen.

Welcher Versuch zeigt dir was?

3 Ein Kind atmet 1-2 Liter Luft pro Atemzug ein.

1a Unser Körper braucht Sauerstoff, deshalb atmen wir immer. Wir können nur für kurze Zeit den Atem anhalten.

2 Durch die durchlässige Haut in den Lungenbläschen gelangt Sauerstoff ins Blut wie die Luft durch das dünne Papiertaschentuch. Wenn der Körper den Sauerstoff verbraucht hat, bleibt Kohlenstoffdioxid übrig, das auf diesem Weg zurück in die Lunge gelangt, von wo wir es ausatmen.

1c Du atmest automatisch schneller, wenn du dich anstrengst.

1b Du atmest immer ruhig und gleichmäßig. Auch beim Schlafen atmest du weiter.

Herz und Lunge arbeiten bei der Atmung zusammen. Sie sind so wichtig, dass sie im Körper besonders gut geschützt sind. Von den Rippen umgeben liegen sie wie in einem Käfig in deinem Körper. Wenn sich das Zwerchfell am unteren Rand der Lunge zusammenzieht, wird die Lunge größer. Luft strömt durch Mund, Nase und die Luftröhre in die Lunge. Die Luft strömt weiter in die feinen Verästelungen, die Lungenbläschen, und transportiert so den Sauerstoff dorthin.

Beschrifte:

Lungenbläschen | Luftröhre | Mund und Nase | Zwerchfell | Lunge | einatmen | ausatmen

Mund und Nase

Luftröhre

Lunge

Lungenbläschen

Zwerchfell

einatmen   ausatmen

Wie kommt der Sauerstoff ins Blut? Kreuze an.

	richtig	falsch
Wenn du schläfst, ruht sich auch deine Lunge aus und arbeitet nicht.		X
Die Lunge kann sich selbst bewegen und wird größer oder kleiner.		X
Nur wenn sich das Zwerchfell zusammenzieht, wird die Lunge größer.	X	
Die Haut der Lungenbläschen ist sehr dick.		X

Taste vorsichtig deinen Körper ab.

Wo stößt du auf etwas Hartes? Das sind deine Knochen.

Probiere aus:

Untersuche die Knochen deiner Hand. Taste ab:

Aus wie vielen Knochen besteht dein Zeigefinger? **3**

Aus wie vielen Knochen besteht dein Daumen? **2**

Kennst du die wichtigsten Knochen in deinem Skelett? Beschrifte.

Schädel
Schlüsselbein
Oberarm
Rippen
Wirbelsäule
Beckenknochen
Unterarm mit Elle und Speiche
Oberschenkel
Kniescheibe
Schienbein
Wadenbein

Lösungswörter:

Schlüsselbein | Wirbelsäule | Rippen | Beckenknochen | Schädel | Wadenbein (im Unterschenkel) | Schienbein (im Unterschenkel) | Unterarm mit Elle und Speiche | Oberarm | Oberschenkel | Kniescheibe

---

Ein Erwachsener hat 206 unterschiedliche Knochen. Knochen schützen und stützen deinen Körper. Die Knochen selbst kann man nicht bewegen. Dafür sind die Gelenke zuständig.

Wo sind deine Gelenke? Probiere es an deinem Körper aus. Markiere diese Stellen in dem Skelett auf der linken Seite farbig.

Was haben alle Gelenke gemeinsam?

Gelenke sitzen da, wo ich mich bewegen kann. Gelenke verbinden zwei oder mehr Knochen miteinander.

Das Kugelgelenk ist am beweglichsten. Es sieht aus wie eine Kugel, die sich in einer genau passenden Schale rollen lässt. Damit kannst du dich in fast alle Richtungen bewegen. Hüft- und Schultergelenke sind Kugelgelenke: Du kannst Arme und Beine nach vorne und hinten, nach rechts und links und nach innen und außen drehen.

Beim Sattelgelenk sehen die beiden Gelenkteile ähnlich aus, sie liegen nur versetzt aufeinander und sehen aus wie ein Sattel. Der Daumen ist mit einem solchen Sattelgelenk mit der Hand verbunden. Mit dem Daumen kann man Vor- und Rückwärtsbewegungen und Bewegungen von einer Seite zur anderen machen.

Das Scharniergelenk sieht aus wie das Scharnier einer Tür. Eine Tür kannst du nur öffnen und schließen, auch das Scharniergelenk kannst du nur nach hinten und vorne bewegen. Ellenbogen- und Kniegelenke sind Scharniergelenke. Unterarme und Unterschenkel kann man beugen und strecken.

Die Muskeln

Sicher hast du Freunden schon einmal deine Muskeln gezeigt: Du ballst die rechte Hand zur Faust und bewegst den ausgestreckten Arm nach oben. Dabei kannst du sehen, wie am Oberarm dein (Beuge-)Muskel nach oben geht. Willst du deinen Arm nun strecken, brauchst du einen zweiten Muskel. Muskeln können sich nur zusammenziehen und benötigen zum Strecken einen Gegenspieler, einen anderen Muskel. Ein Muskel spannt sich an und zieht. Gleichzeitig entspannt sich der „Gegenspieler-Muskel". So sorgen Muskeln dafür, dass die Knochen sich an den Gelenkstellen bewegen.

Probiere aus:

Schneide aus Karton einen Arm aus.

Durchtrenne ihn in der Mitte und klebe ihn dann mit Tesafilm wieder zusammen (das wird der bewegliche Ellenbogen).

Knipse nun mit dem Locher knapp unter dem Ellenbogen ein Loch.

Führe durch das Loch eine Schnur. Klebe sie gespannt auf der oberen Seite und der unteren Seite des Arms an der Schulter mit Klebestreifen fest.

Wenn du nun am Beugemuskel ziehst, geht dein Arm nach oben. Ziehst du am Streckmuskel, streckt sich der Arm.

Jeder Mensch hat etwa 650 Muskeln. Wenn du Sport treibst, werden deine Muskeln größer, du wirst stärker. Alle Muskeln brauchen Nahrung und Sauerstoff, um zu arbeiten.

Keine Sorge, dein Herz ist der einzige Muskel, der keinen Muskelkater bekommt!

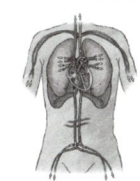

Dein Herz ist auch ein Muskel, ungefähr so groß wie eine Faust. Es schlägt jeden Tag über 100.000-mal. Bei jedem Herzschlag zieht sich der Herzmuskel zusammen, pumpt Blut durch deinen Körper und versorgt ihn so mit Sauerstoff und Nährstoffen.

Forsche nach:

Spürst du, wie dein Herz das Blut durch die Adern pumpt? Lege den Zeigefinger an dein Handgelenk oder an den Hals – hier kannst du den Pulsschlag fühlen.
Kreuze an.

Ich spüre meinen Herzschlag		
	...in Ruhe	...nach Bewegung
schnell		X
langsam	X	
stark		X
schwach	X	

Überprüfe dein Wissen. Kreuze die richtigen Aussagen an:

☐ Jeder Muskel kann sich selbstständig strecken.

☒ Ein Muskel kann sich zusammenziehen und braucht einen Partner, der ihn wieder streckt.

☐ Muskeln bleiben immer gleich stark.

☒ Muskeln kannst du durch Sport trainieren und so vergrößern.

☐ Muskeln verbrauchen Blut.

☒ Muskeln verbrauchen Sauerstoff und Nährstoffe.

☐ Das Herz schlägt immer gleich schnell.

☒ Das Herz schlägt schneller, wenn es mehr Sauerstoff und mehr Nährstoffe transportieren muss.

Die Verdauung – ein großer Mixer?

Alles, was wir essen, wird auf einer 9 Meter langen Reise durch unseren Körper in Nährstoffe verwandelt. Diese Reise der Nahrung durch deinen Körper dauert 15 bis 48 Stunden.

Beschrifte und kontrolliere:

Speiseröhre

Magen

Leber

Dickdarm

Mund mit Zähnen und Speichel

Bauchspeicheldrüse

Dünndarm

Lösungswörter:

Mund mit Zähnen und Speichel | Speiseröhre | Leber | Magen | Bauchspeicheldrüse | Dünndarm | Dickdarm

Stecke einen kleinen Ball tief in einen Strumpf.
Dieser Ball ist ein Stück Brot, dein Strumpf deine Speiseröhre. Halte nun den Strumpf mit einer Hand unten fest. Mit der anderen Hand drückst du so auf den Strumpf, dass der Ball nach oben wandert.

Warum kannst du auch schlucken, wenn du auf dem Kopf stehst?

Muskeln in der Speiseröhre drücken den Nahrungsbrei immer weiter, so wie die Hände den Ball.

Finde den richtigen Weg der Nahrung durch einen Körper. Nummeriere.

3 Von der Speiseröhre wird der Essensbrei in den Magen geführt.

5 Im Dünndarm kommen Verdauungssäfte von der Leber und von der Bauchspeicheldrüse dazu.

7 Im Dickdarm helfen Bakterien die letzten Nährstoffe herauszuholen. Dabei entstehen Gase. Der Rest wird zu Kot. Du musst zur Toilette. Das passiert etwa alle 1-3 Tage.

1 Die Verdauung fängt im Mund an. Du beißt in ein Brot und zerkaust es mit den Zähnen.

4 Im Magen wird der Brei von der Magensäure noch einmal zerkleinert. Dann rutscht er in den Dünndarm.

6 Die Verdauungssäfte lösen im Dünndarm die Nährstoffe aus deinem Brotbrei und leiten sie in dein Blut.

2 Der Speichel wird mit dem Essensbrei vermischt und du schluckst den Brei durch die Speiseröhre hinunter.

Lege eine Eierschale in ein Glas.
Bedecke die Schale mit Essig.
Warte und beobachte.

Warum müssen Menschen pupsen?

Im Dickdarm zersetzen Bakterien die Nahrung. Dabei entstehen Gase. Der Mensch pupst, um diese Gase loszuwerden.

Lösungen

Eine gesunde Ernährung ist für den Körper wichtig, denn er benötigt viele Nährstoffe, um gesund zu bleiben. In der Ernährungspyramide kannst du erkennen, von welchen Lebensmitteln man viel und von welchen man wenig essen sollte.

wenig

Süßigkeiten

Fette und Öle

Milch, Milchprodukte, Eiweiß

Fisch, Fleisch, Eier

Getreideprodukte

Obst und Gemüse

Getränke

viel

Trage die fehlenden Lebensmittelgruppen ein.

Von welchen Getränken solltest du viel trinken? Welche Getränke solltest du eher vermeiden?

Gesunde Getränke: _Wasser, Tee, Fruchtsaftschorle_

Weniger gesunde Getränke: _Cola, Limonade, Eistee, Säfte_

Wie heißen die abgebildeten Gemüse- und Obstsorten?

Obst: _Birne, Banane, Apfel, Kirsche, Erdbeere_

Gemüse: _Gurke, Tomate, Paprika, Karotte_

Nenne Beispiele für Getreideprodukte.

Brot, Müsli, Reis, Brötchen, Mehl

Ernährungsregeln

- Iss mehrere Mahlzeiten am Tag und grundsätzlich nur, wenn du Hunger hast.
- Iss abwechslungsreich und wähle dabei aus verschiedenen Lebensmittelgruppen.
- Trinke ausreichend. Dein Körper benötigt etwa 2 Liter Flüssigkeit am Tag.
- Achte darauf, möglichst viel Obst und Gemüse zu essen.
- Iss nur wenig Fett und Zucker.
- Putze dir regelmäßig die Zähne.

Erstelle einen gesunden Speiseplan für einen Tag. Achte dabei darauf, die Ernährungsregeln einzuhalten. Die Ernährungspyramide hilft dir dabei.

Beispiel:

Morgens: 1 Tasse Tee,
     Müsli mit Joghurt
Zwischenmahlzeit: Apfel oder Birne,
     1 Glas Wasser
Mittags: Spiegelei mit Kartoffeln und
     Spinat, 1 Glas Apfelschorle
Zwischenmahlzeit: Joghurt oder Müsliriegel,
     1 Tasse Tee
Abends: Vollkornbrot mit Käse oder Wurst,
     Gurke, 1 Glas Wasser

Unser Körper benötigt Nährstoffe, damit er richtig arbeiten kann.

Diese Nährstoffe sind in der Nahrung, die wir zu uns nehmen, enthalten. Die wichtigsten Nährstoffe sind: Eiweiß, Fett, Kohlenhydrate, Zucker, Vitamine, Mineralien und Ballaststoffe.

In den Lebensmittelgruppen sind verschiedene Nährstoffe in unterschiedlichen Mengen enthalten.

Süßigkeiten liefern meistens nur viel Zucker und Fett. Bekommt der Körper zu viel davon, kann er krank werden.

Fette und Öle versorgen den Körper mit Energie. Darin sind auch Vitamine enthalten.

Milchprodukte, Fleisch, Eier und Fisch liefern vor allem Mineralstoffe, Vitamine und Eiweiß aber auch Fette. Die Eiweiße benötigt der Körper, um zu wachsen und für den Knochenaufbau.

Obst und Gemüse enthalten viele Vitamine, Mineralstoffe und Ballaststoffe. Bekommt der Körper zu wenig Vitamine und Mineralstoffe, dann wird man schnell müde. Ballaststoffe helfen bei der Verdauung.

Getreideprodukte liefern insbesondere Kohlenhydrate. Sie versorgen den Körper mit Energie.

Welche Aufgaben haben die einzelnen Nährstoffe? Verbinde. Die Texte auf Seite 18 helfen dir dabei.

Energielieferant — Ballaststoffe
Fitmacher — Vitamine
Wachstumshelfer — Fette
Verdauungshelfer — Eiweiße
— Mineralstoffe
— Kohlenhydrate

Joghurt
mit mind. 3,8 % Fett

Nährwerte je 100 g
durchschnittlich

Brennwert	273 kJ (65 kcal)
Eiweiß	3,4 g
Kohlenhydrate davon Zucker	4,4 g / 4,4 g
Fett davon ungesättigte Fettsäuren	3,8 g / 2,5 g
Ballaststoffe	0,0 g
Natrium	0,05 g

Nudeln

100 g enthalten durchschnittlich

Brennwert	1526 kJ (360 kcal)
Eiweiß	11,5 g
Kohlenhydrate	75,0 g
Fett	1,5 g

Limonade

Nährwertangaben je 100 ml

Brennwert	180 kJ (42 kcal)
Eiweiß	0 g
Kohlenhydrate davon Zucker	10,6 g / 10,6 g
Fett	0 g
Ballaststoffe	0 g
Natrium	0 g

Auf den Verpackungen steht, was in den einzelnen Lebensmitteln enthalten ist.

Worin ist viel und worin wenig von den einzelnen Nährstoffen enthalten? Trage in die Tabelle ein.

	Fett	Kohlenhydrate	Eiweiß	Zucker
am meisten	Joghurt	Nudeln	Nudeln	Limonade
am wenigsten	Limonade	Joghurt	Limonade	Joghurt

Untersuche weitere Lebensmittel auf ihre Inhaltsstoffe.

Wasser ist nicht gleich Wasser

Versuch 1:
Fülle ein Marmeladenglas mit Eiswürfeln und verschließe es. Trockne es außen gut ab. Beobachte.

Beobachtung
Das Glas wird außen feucht.

Versuch 2:
Fahre mit einem nassen Schwamm oder Tuch über ein dunkles Papier. Beobachte. Du kannst auch einen Föhn daraufhalten.

Beobachtung
Der Fleck verschwindet. Das Papier trocknet.

Versuch 3:
Fülle einen kleinen Plastikbecher oder eine Spritze mit Wasser. Markiere den Wasserstand mit einem Filzstift. Dann kommt der Behälter über Nacht in ein Gefrierfach. Was passiert?

Beobachtung
Das Wasser gefriert. Es benötigt dann mehr Platz als das flüssige Wasser.

Zu welchem Versuch passen die Bilder?
Schreibe die passende Zahl in die Kästchen unter den Bildern.

| 2 | 3 | 2 | 3 | 1 |

Flüssiges Wasser

Wenn wir von Wasser sprechen, meinen wir in der Regel Wasser in flüssigem Zustand. Wasser ist farblos, geruchlos und geschmacklos. Wasser in gasförmigen Zustand wird durch Abkühlung wieder flüssig. Das Wasser kondensiert. Das kannst du am Glasdeckel eines Kochtopfes beobachten.

Gasförmiges Wasser

Wasser kann auch unsichtbar sein und in die Luft aufsteigen. Das Wasser verdunstet. Es ist dann gasförmig. Wenn man einen Topf mit Wasser erwärmt, kann man sehen, wie der Wasserdampf in die Luft steigt. Das geht umso schneller, je wärmer das Wasser ist.

Festes Wasser

Wasser wird fest, wenn es auf 0° Celsius oder darunter abkühlt. Das Wasser gefriert. Festes Wasser nennt man Eis. Im Winter sieht man oft Eiszapfen. Sie sind gefrorenes Wasser. Wenn es draußen wärmer wird, schmelzen sie und werden wieder flüssig.

Fülle das Schaubild aus. Die farbig markierten Begriffe helfen dir dabei.

Wasserdampf   _Wasser_   _Eis_

kondensiert   _gefriert_

verdunstet   _schmelzen_

Wasser als Lösungsmittel

Du benötigst:
- mehrere flache Glasschälchen oder Gläser
- Teelöffel
- Salatöl, Zucker, Mehl, Pfeffer, Kaffeepulver
- Wasser

Was passiert, wenn du die Stoffe in das Wasser gibst?
Beobachte genau. Rühre dann um.

Trage deine Beobachtungen in die Tabelle ein.
Was kannst du nach 10 Minuten beobachten?

Stoff	Vor dem Umrühren	Nach dem Umrühren	Nach 10 Minuten
Zucker	sinkt	löst sich auf	klares Wasser
Salatöl	schwimmt	viele kleine Tropfen	schwimmt oben
Mehl	schwimmt	weiße Mischung	sinkt auf den Boden
Pfeffer	schwimmt	vermischt sich	sinkt auf den Boden
Kaffeepulver	schwimmt	schwimmt überall	sinkt auf den Boden

Ordne die Stoffe den passenden Begriffen zu.

wasserlöslich _Zucker_
setzt sich ab _Pfeffer, Mehl_
wasserunlöslich _Pfeffer, Salatöl, Mehl, Kaffeepulver_
schwimmt oben _Salatöl, Kaffeepulver_

Kannst du das Kaffeepulver auch wieder vom Wasser trennen?
Wie würdest du vorgehen? Was benötigst du? Schreibe deine Vermutung auf. Probiere aus.

Das benötige ich: _Sieb oder Löffel_

Das vermute ich: _Ich kann das Pulver heraussieben oder abschöpfen._

Meine Beobachtung: _Das Wasser wird fast klar._

Welche Stoffe von Seite 22 kann man auch auf diese Art trennen? Begründe.

Pfeffer und Mehl (wenn das Sieb fein genug ist)

Kannst du diese Begriffe erklären?

- Filtern _Das Wasser wird durch einen Filter geschüttet. Die festen Stoffe bleiben darin hängen._
- Abschöpfen _Stoffe, die oben schwimmen, werden mit einem Löffel vom Wasser getrennt._
- Verdampfen _Wasser wird erhitzt und verdampft. Alle anderen Stoffe bleiben zurück._
- Verdunsten _In der Sonne verdunstet Wasser. Alle anderen Stoffe bleiben zurück._

Lösungen

Wenn Du eine Münze ins Wasser wirfst, sinkt sie. Wie du schon weißt, gibt es Gegenstände, die schwimmen und Gegenstände, die sinken. Hier kannst du mehr darüber erfahren.

Du benötigst:
- Folienstift
- Lineal
- Ein nicht zu großes durchsichtiges Gefäß
- einen Korken und einen etwa gleich großen Stein

Fülle das Gefäß halbvoll mit Wasser. Markiere den Wasserstand. Gib nun nacheinander den Korken und den Stein ins Wasser und miss, wie weit das Wasser gestiegen ist.

Trage deine Ergebnisse in die Tabelle ein.

Gegenstand	schwimmt	schwimmt nicht	Wasseranstieg in mm
Stein		X	
Korken	X		

Was fällt dir auf? Vervollständige den Lückentext.
Die Wörter helfen dir dabei: sinkt I schwimmt I stark I wenig

Wenn ein Gegenstand im Becher _____ **sinkt** _____ ,

dann steigt das Wasser _____ **stark** _____ an.

Wenn ein gleich großer Gegenstand im Becher _**schwimmt**_ ,

dann steigt das Wasser _____ **wenig** _____ an.

Du benötigst:
- einen Plastikhandschuh
- eine Wanne mit Wasser oder das Spülbecken

Ziehe den Handschuh an und tauche deine Hand ganz ins Wasser.
Was spürst du?
Das Wasser drückt gegen den Handschuh und die Hand.

Du benötigst:
- Ein nicht zu großes, durchsichtiges Gefäß
- Korken und Stein vom Versuch auf S.24
- eine flache Schale
- Digitalwaage

Wiege den Korken und den Stein.
Trage das Gewicht in die Tabelle ein. Stelle das Gefäß in die Schale und fülle es randvoll mit Wasser. Gib die Gegenstände nacheinander ins Wasser. Drücke sie, wenn notwendig, mit einem Löffel ganz auf den Boden. Wiege das Wasser, das übergelaufen ist. Trage in die Tabelle ein.

Gegenstand	Gewicht des Wassers	Gewicht des Gegenstandes
Stein		
Korken		

Was fällt dir auf? Vervollständige den Lückentext.

Ein Gegenstand, der untergeht, verdrängt **weniger** Wasser als er wiegt.

Ein gleich großer Gegenstand, der schwimmt, verdrängt **mehr** Wasser als er wiegt.

Bestimmt warst du schon im Schwimmbad und konntest dort spüren, dass Wasser viel Kraft hat. Dein Körper fühlt sich im Wasser leicht an. Das Wasser drückt ihn nach oben. Diese Kraft nennt man Auftrieb. Im ersten Versuch hast du erfahren, dass Gegenstände, die sinken, mehr Wasser wegdrücken als gleich große Gegenstände, die an der Oberfläche schwimmen. Diese Kraft nennt man Verdrängung. Ein ganz unter Wasser gedrückter Gegenstand verdrängt so viel Wasser, wie er wiegt.

Ob etwas schwimmt, hängt auch von der Form ab. Nimm dir einen Klumpen Knete und forme ihn einmal so, dass er schwimmt und einmal so, dass er sinkt.

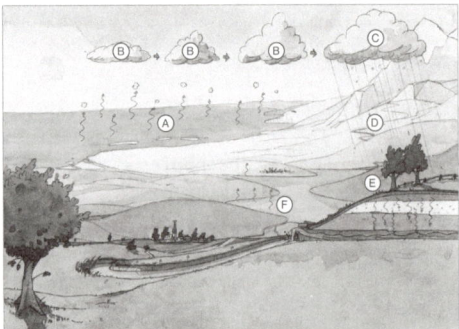

Ordne die Kärtchen richtig zu, indem du den passenden Buchstaben aus dem Bild dazuschreibst.

D	Aus Schmelzwasser und Quellen entstehen Flüsse.
F	Aus Flüssen, Seen, dem Boden und Pflanzen verdunstet Wasser. Ein Teil fließt ins Meer zurück.
B	Wasserteilchen in der Luft kühlen ab und schließen sich zu Wolken zusammen.
C	Die Wasser- oder Eisteilchen werden schwerer und fallen auf die Erde hinab.
E	Wasser versickert im Boden, wird von Pflanzen aufgenommen oder fließt in Flüsse, Seen und das Meer.
A	Wasser wird durch die Sonne erwärmt und verdunstet aus dem Meer.

Durch die Wärme der Sonne und den Wind befindet sich das Wasser auf der Erde in einem ständigen Kreislauf.
Flüssiges Wasser verdunstet, das heißt, es wird gasförmig und steigt in die Höhe. Wenn das verdunstete Wasser in kalte Luftschichten kommt, bilden sich Wolken. Wenn sich dort größere Tropfen oder Eiskristalle gebildet haben, fallen sie als Regen, Schnee oder Hagel auf die Erde zurück.
Dadurch wird alles, was lebt, Pflanzen, Tiere und auch wir Menschen, immer wieder mit sauberem Wasser versorgt. Ein Teil des Wassers fließt wieder ins Meer zurück oder gelangt über das Grundwasser zu Quellen und Brunnen, ein weiterer Teil wird von den Pflanzen aufgenommen oder verdunstet direkt wieder und speist so den unendlichen Kreislauf des Wassers.

So kannst du deinen eigenen Wasserkreislauf bauen:

1. Gib etwas Kies und darauf Gartenerde in ein großes Glas. Gieße die Erde etwas, damit sie feucht ist. Säe Kresse oder Gras im Glas.

2. Lege eine Folie auf das Glas und befestige sie mit einem Gummi, sodass keine Luft hinein und kein verdunstetes Wasser heraus kann.

3. Stelle das Glas auf ein Fensterbrett. Beobachte nun die nächsten Tage, was mit den Pflanzen passiert. Gieße nicht, aber kontrolliere, was du innen an der Folie sehen kannst.

Notiere deine Beobachtung: **An der Folie bilden sich Tropfen, die herabfallen und so die Pflanzen gießen. Die Pflanzen können so schön wachsen.**

Wind ist nichts anderes als bewegte Luft. Unsere Erde ist von einer Hülle voll Luft umgeben. Diese Luft hat große Kraft und ist fast überall.

Schneide aus Papier eine Schlange aus (wie auf dem Bild).
Befestige ihr Schwanzende dann an einem Faden und halte sie über eine warme Heizung oder eine Glühlampe.

Beschreibe, was du siehst. Erkläre, was die warme Luft macht:

Die Luftschlange dreht sich.
Warme Luft steigt von der Heizung oder
Glühlampe nach oben. Diese Bewegung der
Luft führt dazu, dass sich die
Luftschlange bewegt (wie z.B. eine Fahne
im Wind).

So entsteht Wind: Warme Luft steigt nach oben über die kalte Luft, kalte Luft rutscht unter die warme Luft.

In der Natur heizt die Sonne die Luft auf. Die Luft kühlt wieder ab, wenn die Sonne hinter Wolken verschwindet oder in der Nacht die Luft nicht mehr erreicht. Auch über dem Meer kühlt die Luft durch das Wasser, das verdunstet, schneller ab.

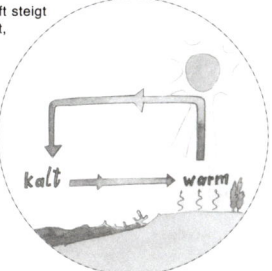

Nimm von einem Papiertaschentuch das dünnste Stück Papier.
Wenn es draußen kalt ist, öffne eine Tür und halte das Papier zuerst unten, dann oben in die Türöffnung.
Was beobachtest du?

oben: Das Papier bewegt sich nach außen.

unten: Das Papier bewegt sich nach innen.

Kannst du mithilfe des Bildes oben diesen Versuch erklären?

Die warme Luft im Haus steigt nach oben und
strömt dann oben an der Tür hinaus. So wird
das Taschentuch nach außen bewegt. Die kalte
Luft strömt unten ins Haus hinein und bewegt
das Taschentuch nach innen.

Wenn es kalt ist, kann man mit seiner Atemluft kleine Wolken machen. Im Badezimmer können sich Wolken bilden, wenn man heiß badet und von draußen kalte Luft hereinkommt.

Mit diesem Versuch kannst du auch Wolken machen:

1. sehr warmes Wasser

2. Eiswürfel

3. kleine Schüssel in die große und schwenken

Hast du genau beobachtet? Die feuchtwarme Luft aus der großen Schüssel hat sich mit der kalten Luft um die Eiswürfel herum vermischt. Kleine Wasserteilchen kondensieren. So entstehen Wolken.

In der Natur bilden sich ganz unterschiedliche Wolken. Das hat mit dem Wind, der Feuchtigkeit und der Temperatur der Luft zu tun. Wolken können uns deshalb auch etwas über das kommende Wetter verraten.

Beobachte in der nächsten Zeit die Wolken am Himmel und notiere zu den unterschiedlichen Wolkenarten, wie das Wetter nach ihrem Erscheinen wird.
(Schreibe: R = Regen, Sch = Schnee, b = bedeckt, sb = stark bedeckt, lb = leicht bedeckt, w = wolkenlos)

Schäfchenwolken bilden sich oft vor schlechtem Wetter.

Datum		
Uhrzeit		
4 Std. später		
1 Tag später		

Schleierwolken werden zu großen, grauen Wolken, aus denen es regnet und schneit. **Schleierwolken**

Datum		
Uhrzeit		
4 Std. später		
1 Tag später		

Haufenwolken sind Schönwetterwolken. Sie lösen sich abends wieder auf.

Datum		
Uhrzeit		
4 Std. später		
1 Tag später		

Lösungen

Wasser, das durch Sonnenwärme und mithilfe des Windes aus dem Boden, dem Meer, aus Flüssen, Seen und Pflanzen verdunstet, steigt in die Höhe. Wird die Luft kälter, kondensiert das verdunstete Wasser. Die kleinen Wasserteilchen schließen sich zu winzigen Wassertropfen und Eiskristallen zusammen. Es bilden sich Wolken. Das Wasser der Wolken kommt als Regen, Schnee oder Hagel zur Erde zurück. Diese drei nennt man auch Niederschläge.

Regen

Wenn sich in einer Wolke winzige Wassertröpfchen zu größeren Tropfen zusammenschließen, werden sie irgendwann so schwer, dass sie als Regen zur Erde fallen. Auch Eiskristalle fallen aus den Wolken, wenn sie schwer genug sind. Wenn es auf ihrem Weg zum Erdboden wärmer wird, schmelzen sie. Vom Himmel fällt dann Regen.

Schnee

Bei einer Lufttemperatur unter 0° C bilden sich aus dem verdunsteten Wasser Schneekristalle. Dabei heftet sich das gasförmige Wasser an winzige Schmutzteil-

chen in der Luft zu sechsarmigen Eiskristallen an. Wenn immer mehr solcher winzigen Eiskristalle zusammenkleben, werden sie irgendwann so schwer, dass sie zur Erde hinabfallen. Wenn es auf ihrem Weg nach unten kalt bleibt, schmelzen sie nicht und es schneit Schneeflocken. Jede Schneeflocke ist ein kleines Kunstwerk der Natur, keine sieht aus wie die andere.

Hagel

In Gewitterwolken gefriert das verdunstete Wasser um Schmutzteilchen in der Luft herum. Sie fallen ein Stück nach unten, wo sich neues Wasser an das Eis anheftet. Starke Winde heben die Eiskörner wieder in kalte Luftschichten, wo das Wasser erneut anfriert. Wenn das öfter passiert, kann ein Hagelkorn so groß wie ein Tennisball werden, bevor es zu schwer ist und zur Erde fällt.

Regen, Schnee oder Hagel?

Hier sind drei Texte über Regen, Schnee und Hagel durcheinander geraten. Schreibe in die Kästchen, ob die Aussage zu Regen (R), Schnee (S) oder Hagel (H) passt. Manche Sätze passen auch zu mehreren Niederschlagsarten. Schreibe dann mehrere Buchstaben in das Kästchen.

- Wasser verdunstet auf der Erde und steigt nach oben, wo sich in kälteren Luftschichten Wolken bilden. **RSH**
- Die feinen Wassertröpfchen in den Wolken gefrieren um winzige Schmutzteilchen in der Luft herum. **H**
- Die winzigen Wassertropfen in einer Wolke schließen sich zu immer größeren Tropfen zusammen. **R**
- In kalter Luft heften sich kunstvolle, sechsarmige Eiskristalle an natürliche Schmutzteilchen an. **RS**
- Gewitterwolken enthalten viel Wasser. Das Wasser gefriert in kalter Luft um kleine Schmutzteilchen herum zu Eisklumpen. **H**
- Werden die Tropfen in einer Wolke groß und schwer, fallen sie zur Erde hinab. **R**
- Wenn die aus gefrorenem Wasser bestehenden Eiskristalle in den Wolken zu schwer werden, fallen sie zur Erde herab. **RS**
- Der Wind hebt die gefrorenen Wassertropfen immer wieder nach oben, wo noch mehr Wasser um einen Eistropfen herum anfriert. **H**
- Ist die Luft auf der Erde warm, schmelzen die Eiskristalle auf ihrem Weg zur Erde hinab wieder. **R**
- Ist es auf der Erde kalt, bleiben die aus den Wolken fallenden Eiskristalle gefroren. **S**

Neben Regen, Schnee und Hagel zählen auch Nebel, Tau und Raureif zu den Niederschlägen. Sie kommen aber nicht von weit oben aus hoch fliegenden Wolken, sondern bilden sich direkt an der Erdoberfläche.

Nebel

Nebel kann sehr schön aussehen, aber weil er die Sicht behindert, ist er auch gefährlich: Dann muss man im Straßenverkehr besonders gut aufpassen. Nebel ist nichts anderes als eine Wolke, die aber nicht hoch oben am Himmel schwebt, sondern den Erdboden berührt.

Wenn feuchte Luft (in der also viel verdunstetes Wasser enthalten ist) mit kalter Luft in Berührung kommt, kann sich direkt über dem Boden so eine Wolke bilden. Das passiert meistens am Morgen, wenn die Sonne mehr Wasser vom Boden in die noch kalte Luft verdunstet. Es kann auch abends geschehen, wenn die Luft am Boden schnell abkühlt.

Tau

In der Luft ist immer eine gewisse Menge an verdunstetem Wasser. Je kälter es wird, desto weniger verdunstetes Wasser kann in der Luft gehalten werden. Die Luftfeuchtigkeit sinkt. Wenn die Temperatur immer weiter fällt, heften sich winzige Wasserteilchen aus der Luft an Gegenstände und Pflanzen an, wo sie nach und nach Tröpfchen bilden. Da es am Morgen meistens sehr kühl ist, sieht man dann oft sogenannten Morgentau.

Raureif

Wenn es nachts sehr kalt ist, bilden sich aus der Luftfeuchtigkeit kleine, winzige Tautröpfchen. Sinkt die Temperatur unter 0 Grad Celsius ab, dann gefrieren diese Tröpfchen. Der Boden und die Pflanzen werden mit einer dünnen Eisschicht überzogen. Das

ist der Reif, aber noch kein Raureif. Der entsteht erst, wenn die Temperatur unter -8 Grad Celsius absinkt und die Luftfeuchtigkeit sehr hoch ist. Die Feuchtigkeit in der Luft schlägt sich dann in Form von Eiskristallen an Pflanzen und Gegenständen nieder.

Was weißt du jetzt alles über Nebel, Tau und Raureif?
Kreuze an, ob die folgenden Aussagen richtig sind oder falsch.

	richtig	falsch
Tau entsteht, wenn es nachts regnet und das Wasser auf Pflanzen und Gegenständen stehen bleibt.		X
Nebel ist eine Wolke, die ganz nah am Boden schwebt.	X	
Raureif entsteht besonders oft im Sommer.		X
Tau entsteht am ehesten, wenn es nachts sehr warm ist.		X
Nebel bildet sich am ehesten dort, wo die Luft sehr trocken ist.		X
Raureif entsteht wie Schnee, wenn sich aus dem Wasser in der Luft Eiskristalle bilden.	X	
Tau bildet sich, wenn die Luft sehr feucht ist, es dann aber schnell abkühlt.	X	
Nebel entsteht besonders dort, wo aus Gewässern oder großen Flächen viel Feuchtigkeit verdunstet.	X	
Raureif fällt zuerst als Schnee vom Himmel, klebt dann aber an Pflanzen und Gegenständen fest.		X
Tau besteht aus Wassertropfen, die sich aus dem gasförmigen Wasser in der Luft an Pflanzen und Gegenständen bilden.	X	
Nebel hilft uns im Straßenverkehr, weil dann alle besser aufpassen.		X

Wie liest man eine Wetterkarte?

Meteorologen sind Männer und Frauen, deren Beruf es ist, das Wetter zu beobachten und vorherzusagen. Sie beschreiben Wetter als Zusammenspiel aller Wettererscheinungen in der Luft während eines Tages.

Welche Wettererscheinungen stellen Meteorologen mit diesen Zeichen dar? Verbinde richtig.

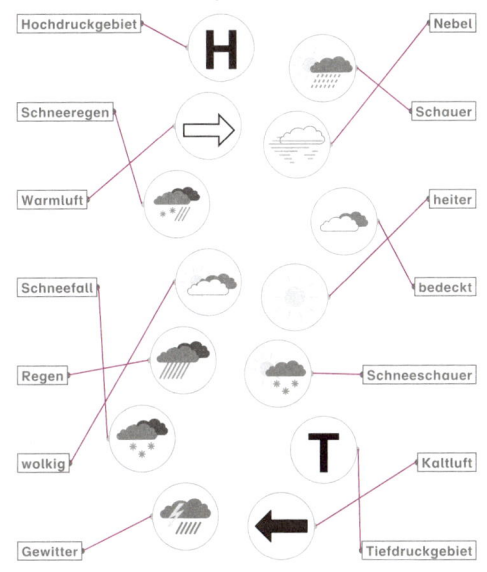

Hochdruckgebiet	Nebel
Schneeregen	Schauer
Warmluft	heiter
Schneefall	bedeckt
Regen	Schneeschauer
wolkig	Kaltluft
Gewitter	Tiefdruckgebiet

Welcher Wetterbericht gilt für welche Stadt? Verbinde.

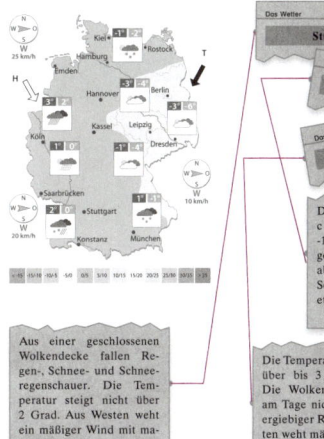

Das Wetter **Stuttgart**

Das Wetter **Kiel**

Das Wetter **Köln**

Die Temperaturen erreichen maximal -2 bis -1 Grad. Sonnige und wolkige Abschnitte wechseln sich ab, gelegentlich fällt etwas Schnee. Der Wind weht mit etwa 25 km/h aus West.

Aus einer geschlossenen Wolkendecke fallen Regen-, Schnee- und Schneeregenschauer. Die Temperatur steigt nicht über 2 Grad. Aus Westen weht ein mäßiger Wind mit maximal 20 km/h.

Die Temperatur steigt tagsüber bis 3 Grad Celsius. Die Wolkendecke lockert am Tage nicht auf, es fällt ergiebiger Regen. Aus Westen weht mäßiger Wind mit einer Geschwindigkeit von 20 bis 25 km/h.

Wie wird das Wetter in Berlin? Schreibe einen Wetterbericht.

Bei Höchsttemperaturen von -3 Grad bleibt es durchgehend wolkig. Aus Westen weht ein schwacher Wind mit höchstens 10 km/h.

Lies die Wetterkarte in eurer Tageszeitung.
Wie wird das Wetter an deinem Wohnort?

Woher weiß man, wie das Wetter wird?

Um das Wetter vorhersagen zu können, muss man es genau und lange beobachten. Heute benutzen die Meteorologen dazu Satelliten im Weltraum und Wetterstationen auf Schiffen, in Flugzeugen, an Wetterballons, auf Bergen und überall auf der Welt.

Zur Wettervorhersage werden viele Geräte gebraucht.
Verbinde das Gerät und das, was es misst oder anzeigt:

Windrichtung und ungefähre Windstärke	Windsack
Luftdruck	Anemometer
Windstärke	Barometer
Regen- und Schneemenge	Niederschlagsmesser
Wolkenbewegung	Windfahne
Windrichtung	Satellit
Temperatur	Thermometer

Beobachte das Wetter bei dir zuhause einige Tage.
Kontrolliere jeden Tag, ob die Wettervorhersage im Fernsehen, Radio oder in der Zeitung richtig war.

Tag		Temperatur	Windrichtung

Lösungen

Das Verbrennungsdreieck
Drei Voraussetzungen sind notwenig, damit ein Feuer brennen kann.
Wenn ein Brand gelöscht wird, entzieht man dem Feuer eine dieser
Voraussetzungen.

Was wird dem Feuer auf diesen Bildern entzogen?
Male den Rahmen in der passenden Farbe an.

Temperatur

Sauerstoff

Sauerstoff

Temperatur

Brennstoff

Sauerstoff   Brennstoff

Kennst du noch andere Löschmittel?
Sand, Feuerlöscher mit Löschpulver,
Wasser, Erde

Der Notruf
Der Notruf ist, wie der Name sagt, nur für Notfälle. Um einen Notfall
handelt es sich, wenn du oder Menschen in deiner Nähe in Not oder
verletzt sind. Auch wenn Tiere oder wertvolle Dinge wie Häuser oder
Scheunen in Gefahr sind, sollst du den Notruf wählen.

**Wenn du den Notruf wählst, gibt es 4 wichtige Informationen,
die du der Feuerwehr mitteilen musst. Worum handelt es sich?**

w Wo?

w Was?

w Wie viele Verletzte?

w Welche Verletzungen?

Und dann: Warten!

Die Feuerwehr
Die Feuerwehr ruft man nicht nur, wenn es brennt.
Ihre Aufgaben sind löschen, retten, bergen und schützen.

Ordne diese Begriffe dem Logo der Feuerwehr zu.

1. löschen   2. bergen

3. schützen   4. retten

**Welche Aufgabe erfüllen die Feuerwehrleute auf diesen Bildern?
Trage die richtige Nummer ein.**

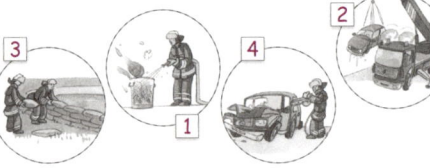

3   4   2   1

Wo kann das Feuer gefährlich werden? Kreise ein.

**Warum kann das Feuer in diesen Situationen
gefährlich werden?**

Der Adventskranz könnte anfangen
zu brennen, weil die Kerze zu weit
heruntergebrannt ist.
Das Lagerfeuer ist ohne Schutz-
befestigung mitten im Wald, sehr dicht
bei den Bäumen. Ein Waldbrand könnte
entstehen.

Wie können Brände in der Natur entstehen?

z.B. durch einen Blitz;
durch Glasscherben, die Sonnenlicht
wie eine Lupe bündeln;
durch Zigaretten oder Streichhölzer,
die weggeworfen werden

Wo sind bei euch im Haus Rauchmelder und Feuerlöscher?

**In welchen Räumen sind Rauchmelder und Feuerlöscher
besonders wichtig?**
Küche, Schlafzimmer, Räume mit Kamin
oder offenem Feuer

Erstelle einen Fluchtwegeplan für euer Haus.

Kennst du dich mit Feuer und Bränden aus? In welchen Aussagen
wird richtiges Verhalten beschrieben, in welchen Aussagen falsches
und gefährliches Verhalten?

		richtig	falsch
1.	Brennendes Öl oder Fett in einer Pfanne immer mit einem Deckel ersticken.	e	m
2.	Brennendes Öl oder Fett in einer Pfanne mit Wasser löschen.	n	b
3.	Die Feuerwehr rufe ich nur, wenn es brennt.	a	e
4.	Die Feuerwehr rufe ich auch bei Unfällen.	n	t
5.	Wenn mein Ärmel brennt, lege ich mich auf den Boden und wälze mich herum, um das Feuer zu ersticken.	s	u
6.	Wenn mein Ärmel brennt, renne ich weg oder versuche das Feuer auszuschütteln.	k	r
7.	Wenn der Fluchtweg durch Rauch versperrt ist, halte ich die Luft an und laufe hindurch.	i	e
8.	Wenn mein Fluchtweg verraucht ist, kann ich versuchen, am Boden entlang zu kriechen, weil Rauch immer nach oben steigt.	tt	ss
9.	Wenn ich mich nicht selbst retten kann, mache ich mich am Fenster bemerkbar und warte auf die Feuerwehr.	e	s
10.	Wenn ich mich nicht selbst retten kann, verstecke ich mich im Schrank und warte auf die Feuerwehr.	n	r

Das Lösungswort ist: L e b e n s r e t t e r

Vulkane

Jede Erdöffnung, aus der geschmolzenes Gestein aus dem Erdinneren kommen kann, ist ein Vulkan. Vulkane können entstehen, wenn sich zwei Erdplatten übereinander schieben. Die untere Platte wird in den Erdmantel gedrückt und schmilzt dort.

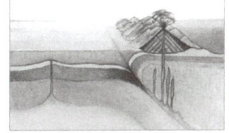

Das geschmolzene, flüssige Gestein nennt man Magma. Das Magma sucht sich einen Weg an die Oberfläche und durchbricht die Erdkruste. So entsteht ein neuer Vulkan. Nun nennt man das geschmolzene Gestein nicht mehr Magma, sondern Lava.
Bei einem Vulkanausbruch kann die Lava ruhig und auch langsam aus der Öffnung fließen oder auch explosionsartig daraus hervorstoßen. Zu Beginn fließt die Lava oft nur aus einem tiefen Spalt oder einem Loch in der Erde. An der Erdoberfläche kühlt die Lava ab und wird zu festem Gestein. Immer mehr Lava strömt nach und so entsteht langsam ein Berg. Ein Vulkanberg kann in wenigen Tagen oder auch in Tausenden von Jahren entstehen. Es kommt immer darauf an, wie viel Lava ausströmt.
Ein Vulkan beginnt kilometertief unter der Erde. Dort ist die Magmakammer, in der sich das flüssige Gestein sammelt. Ist die Magmakammer voll, steigt das Magma durch einen Schlot zur Erdoberfläche. Meistens hat ein Vulkan mehrere Schlote. Der Schlot endet in einer trichterförmigen Vertiefung, die man Krater nennt. Um diese Vertiefung herum entsteht der Berg aus Vulkangestein.

Beschrifte die Zeichnung mit den farbig markierten Wörtern aus dem Text.

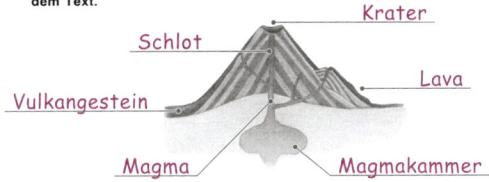

Krater
Schlot
Vulkangestein
Lava
Magma
Magmakammer

44

Du kannst deinen eigenen Vulkan ausbrechen lassen.

Wenn du noch rote Lebensmittelfarbe zu dem Backpulver gibst, sieht die Lava beinahe echt aus.

Dafür benötigst du:
· Eine flache Schüssel oder ein Tablett
· Sand/Erde
· Ein leeres Röhrchen (z. B. von Vitamin- oder Brausetabletten)
· 2 Päckchen Backpulver
· Essig

So funktioniert es:
· Gib das Backpulver in das Röhrchen.
· Stelle das Röhrchen aufrecht auf das Tablett oder in die Schüssel.
· Forme mit dem Sand den Vulkan um deinen Vulkanschlot herum.
· Gieße Essig in das Röhrchen hinein.

Was ist passiert? Was hast du beobachtet?

Das Backpulver beginnt zu schäumen und quillt aus dem Röhrchen. Es fließt den Berg hinab.

Wo gab es Vulkanausbrüche?

z.B. Vesuv (79 n. Chr.), Ätna (1169), Krakatau (1883), Mount St. Helens (1980), …

Wo gibt es Vulkane?

z.B. Italien, Island, Philippinen, Indonesien, USA, …

Gibt es Vulkane in Deutschland?

Ja: Kaiserstuhl, Vogelsberg, Eifel, … (nicht mehr aktiv)

45

Laubbäume

Die Blätter haben verschiedene Formen, z. B. länglich, rundlich, eiförmig, herzförmig.

Schreibe die passenden Begriffe zu den Bildern:

eiförmig
Buche
rundlich
Pappel
Bruchweide
länglich
Linde
herzförmig

Auch die Ränder sind unterschiedlich, z. B. glatt, gebuchtet, gezähnt, gelappt.

Schreibe die passenden Begriffe zu den Bildern:

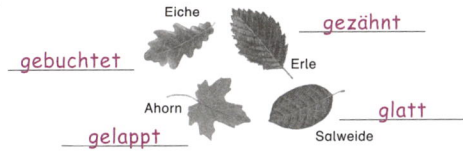

Eiche
gezähnt
gebuchtet
Erle
Ahorn
glatt
gelappt
Salweide

Wer bin ich?

Pappel · Erle · Linde · Ahorn

· Meine Blätter sind rundlich und haben einen gesägten Rand.

· Du erkennst mich an meinen herzförmigen Blättern.

Pappel

Linde

46

Beschreibe die Blattformen und -ränder.
Wie heißen die Früchte dieser Laubbäume?

Buche

· Blattform: eiförmig
· Blattrand: gewellt
· Frucht: Buchecker

Eiche

· Blattform: länglich
· Blattrand: gebuchtet
· Frucht: Eichel

Birke
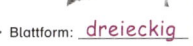
· Blattform: dreieckig
· Blattrand: gesägt
· Frucht: Kätzchen

Weide

· Blattform: länglich
· Blattrand: gesägt
· Frucht: Kapsel

Lösungshilfe:
REKCEHCUB I LEHCIE I NEHCZTÄK I LESPAK I

So kannst du eine Rinden-Frottage machen:
Nimm Papier und Wachsmalkreide oder Zeichenkohle.
Halte das Papier an den Stamm eines Baumes und reibe mit dem Stift über das ganze Papier.
Gestalte Rinden-Frottagen von verschiedenen Baumarten und vergleiche sie.

47

Lösungen

Verbinde mit dem richtigen Baum.

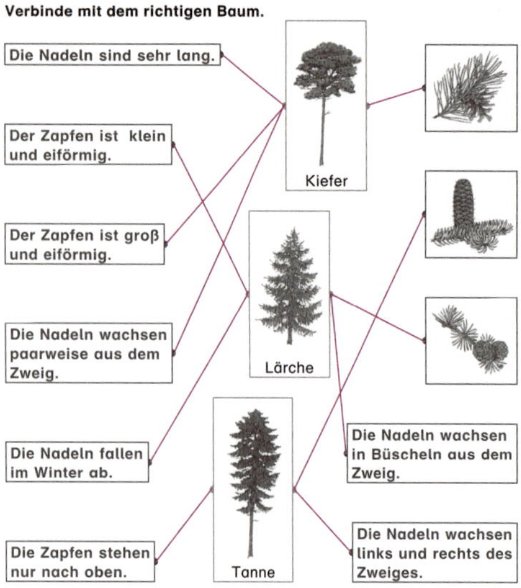

Die Nadeln sind sehr lang.

Der Zapfen ist klein und eiförmig.

Kiefer

Der Zapfen ist groß und eiförmig.

Die Nadeln wachsen paarweise aus dem Zweig.

Lärche

Die Nadeln fallen im Winter ab.

Die Nadeln wachsen in Büscheln aus dem Zweige.

Die Zapfen stehen nur nach oben.

Tanne

Die Nadeln wachsen links und rechts des Zweiges.

Warum hat ein Nadelbaum Nadeln? Kreuze richtig an:

☐ Durch die Nadeln werden Tiere abgewehrt, die die Äste fressen wollen.

☒ Wenn ein Baum Nadeln hat, verdunstet weniger Wasser, als wenn er Laub hätte.

☐ Er hat Nadeln, damit es zu Weihnachten einen Christbaum gibt.

48   Hast du die Seite fertig bearbeitet? Dann darfst du dir hinten einen Stern auf die Nummer 176 kleben.

Die Rinde einer Tanne ist glatt, die Rinde einer Fichte ist rauher.

Tanne oder Fichte?
Betrachte die Bilder genau und fülle die Tabelle aus.

	Tanne	Fichte
Wie wachsen die Nadeln am Zweig?	seitlich am Zweig	um den Zweig herum
Wie sieht die Nadelrückseite aus?	Sie hat zwei weiße Streifen.	Sie ist grün.
Wie sind die Nadelspitzen?	stumpf	spitz
Wie wachsen die Zapfen am Zweig?	nach oben	nach unten
Wie wächst die Wurzel im Boden?	Sie wächst tief in den Boden.	Sie wächst nur flach in den Boden.

Richtig oder falsch?

	richtig	falsch
· Eine Tanne kann bis zu 600 Jahre alt werden.	X	
· Die Fichte wird auch Blautanne genannt, weil sie eine bläuliche Rinde hat.		X
· Lärchen sind besonders schöne Weihnachtsbäume.		X
· Ein anderer Name für die Kiefer ist Föhre.	X	
· Weil die Wurzel der Fichte nicht in tief in den Boden wächst, ist sie bei einem Sturm gut im Boden verankert und fällt selten um.		X
· Die Zapfen der Tanne fallen nur als Schuppen zu Boden.	X	

Hast du die Seite fertig bearbeitet? Dann darfst du dir hinten einen Stern auf die Nummer 152 kleben.   49

Wie heißen diese Tiere?

M	A	R	D	E	R					
	M	A	U	S						
	F	U	C	H	S					
	E	I	C	H	H	Ö	R	N	C	H	E	N
W	I	L	D	S	C	H	W	E	I	N

Im Waldboden leben viele verschiedene Tiere. Verbinde.

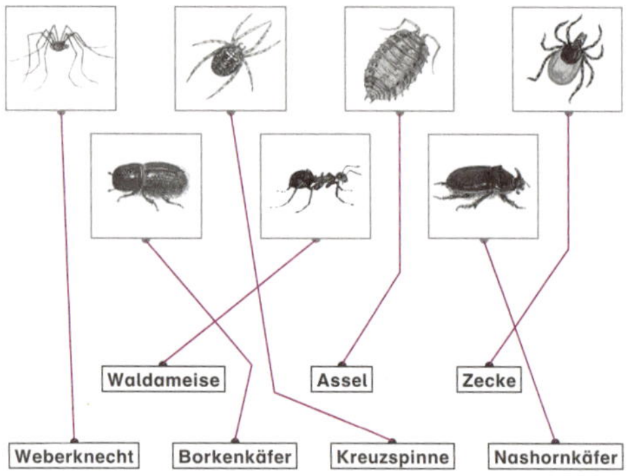

Waldameise   Assel   Zecke

Weberknecht   Borkenkäfer   Kreuzspinne   Nashornkäfer

50   Hast du die Seite fertig bearbeitet? Dann darfst du dir hinten einen Stern auf die Nummer 164 kleben.

Lies die Steckbriefe der Waldvögel.
Schreibe danach den passenden Namen unter die Bilder.

Der **Waldkauz** gehört zu den Eulen. Sein Gefieder ist braun und weiß. Die großen Augen helfen ihm, auch nachts zu sehen. Er kann lautlos fliegen. Seine Nahrung sind kleine Säugetiere, z. B. Eichhörnchen, Kaninchen oder Mäuse.

Der **Habicht** hat ein graues oder graubraunes Gefieder. Auf dem Bauch hat er weiße Querstreifen. Seine starken Krallen braucht er, um seine Beute, z. B. Eichhörnchen zu greifen. Auffallend sind seine rötlichen Augen.

Der **Buntspecht** hat ein schwarz-weiß-rot gemustertes Gefieder. Mit seinem langen, geraden Schnabel hämmert er Löcher in den Baumstamm, um darin Nahrung, z. B. Borkenkäfer zu suchen.

Das Gefieder der **Kohlmeise** ist am Bauch gelb. Auf dem Kopf und an der Kehle ist es schwarz. Der kleine Vogel ernährt sich unter anderem von Insekten, Spinnen, Beeren und Nüssen. Die Kohlmeise lebt häufig auch in der Nähe von Menschen.

Der **Eichelhäher** hat ein braun-rosa Gefieder mit blau-schwarzem Muster auf den Flügeln. Sein Schnabel ist schwarz und kräftig. Er braucht ihn, um Nüsse zu knacken. Zu seiner Nahrung gehören aber auch kleine Tiere und Pilze.

Habicht   **Kohlmeise**

Schreibe einen eigenen Vogelsteckbrief.

Waldkauz

Buntspecht

Eichelhäher

Hast du die Seite fertig bearbeitet? Dann darfst du dir hinten einen Stern auf die Nummer 133 kleben.   51

Nahrungsketten

Der Wald ist ein Lebensraum für viele verschiedene Tiere.
Diese ernähren sich von Pflanzen oder von anderen Tieren.

Das fressen die Tiere im Wald:

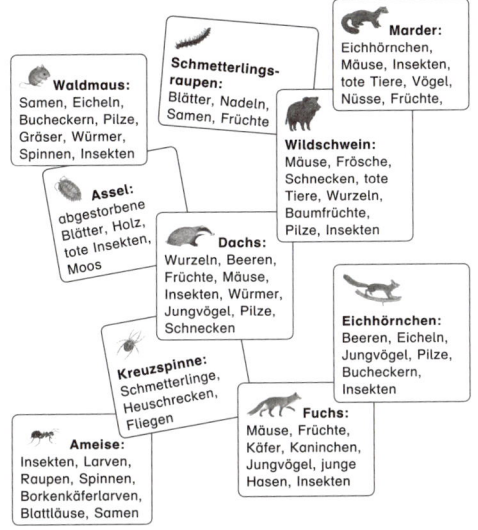

Marder:
Eichhörnchen, Mäuse, Insekten, tote Tiere, Vögel, Nüsse, Früchte,

Schmetterlings-raupen:
Blätter, Nadeln, Samen, Früchte

Waldmaus:
Samen, Eicheln, Bucheckern, Pilze, Gräser, Würmer, Spinnen, Insekten

Wildschwein:
Mäuse, Frösche, Schnecken, tote Tiere, Wurzeln, Baumfrüchte, Pilze, Insekten

Assel:
abgestorbene Blätter, Holz, tote Insekten, Moos

Dachs:
Wurzeln, Beeren, Früchte, Mäuse, Insekten, Würmer, Jungvögel, Pilze, Schnecken

Eichhörnchen:
Beeren, Eicheln, Jungvögel, Pilze, Bucheckern, Insekten

Kreuzspinne:
Schmetterlinge, Heuschrecken, Fliegen

Fuchs:
Mäuse, Früchte, Käfer, Kaninchen, Jungvögel, junge Hasen, Insekten

Ameise:
Insekten, Larven, Raupen, Spinnen, Borkenkäferlarven, Blattläuse, Samen

Welches Tier ist Vegetarier?

Schmetterlingsraupe

Im Wald gilt „fressen und gefressen werden".
Pflanzen werden von Tieren gefressen, diese Tiere können wieder die Nahrung von anderen Tieren sein. So bildet sich eine Nahrungskette.

Fülle die Lücken in diesen Nahrungsketten, wie du es beim ersten Beispiel siehst. Verwende dazu die Informationen von S. 51/52.

Beispiele:

Fuchs	Waldkauz	Marder
↑ wird gefressen von	↑	↑
Waldmaus	Waldmaus	Eichhörnchen
↑ wird gefressen von	↑	↑
Spinne	Eichel	Beeren

Dachs	Marder	Habicht
↑	↑	↑
	Kohlmeise	Eichhörnchen
↑	↑	↑
Jungvögel	Spinne	Insekten
↑	↑	↑
Beeren	Schmetterling	Blätter

Aufgaben des Waldes

Der Wald schützt uns

· Der Wald schützt besonders an Berghängen die Menschen vor Umweltgefahren.
Die Bäume und Sträucher sind mit ihren Wurzeln im Boden fest verankert. So verhindern sie, dass der Boden abrutscht und als Erd- oder Schlammlawine herabstürzt.

· Gehen Schneelawinen ab oder rollen Steine den Berg hinab, stehen die Bäume ihnen als natürliche Hindernisse im Weg.

· Auf dem Waldboden wächst Moos. Wenn es stark regnet oder Schnee schnell taut, saugt das Moos das Wasser wie ein Schwamm auf und verhindert, dass es zu einem Hochwasser kommt.

· Bäume reinigen die Luft, indem sie kleine Schmutzteilchen daraus herausfiltern.

· Lärm verursacht Schallwellen. Wenn diese auf Bäume treffen, werden sie in der Luft nicht weitergeleitet.

Wovor schützt uns der Wald?

· Erd- oder Schlammlawinen
· Schneelawinen
· Hochwasser
· Luftverschmutzung
· Lärm

Der Wald sorgt für uns: Kreuze an, was richtig ist.

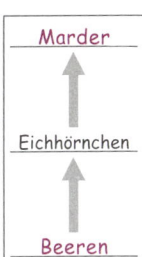

☒ Die Blätter nehmen verbrauchte Luft (Kohlenstoffdioxid) auf und geben frische Luft (Sauerstoff) wieder ab.

☒ Das Regenwasser sickert durch den Waldboden bis zum Grundwasser und wird dabei mithilfe von Kleinstlebewesen gereinigt.

☐ Der Baum saugt schmutziges Wasser auf und gibt es als Salzwasser wieder ab.

☒ Die Wurzeln nehmen Wasser auf. Es fließt bis zu den Blättern und wird dort als Wasserdampf wieder abgegeben.

☐ Die Blätter speichern die Wärme im Sommer und erwärmen damit die Luft im Winter.

Fülle die Lücken aus. Die Bilder helfen dir dabei.

· Wir können im Wald __wandern__ und uns dabei erholen.
· Der Wald liefert __Holz__ für Musikinstrumente sowie __Möbel, Spielzeug, Werkzeuge,...__
· Im Wald arbeiten viele Menschen, z. B. als __Förster, Waldarbeiter.__

Lösungen

Der Graureiher

Graureiher findet man oft an langsam fließenden
Flüssen und an flachen Seen.
Der Graureiher hat lange Beine und wird
ungefähr 1 Meter groß. Der Schnabel ist sehr
lang und gelb-orange gefärbt. Sein Gefieder kann
unterschiedlich gefärbt sein. Dabei kommen als
Farben jedoch nur schwarz, weiß und Grautöne
vor. Meistens ist er am Bauch hell und auf dem
Rücken grau. Deswegen heißt er auch Graureiher.
Der Kopf ist weiß, der Hals grauweiß. Er hat
schwarze Streifen über den Augen und ein paar
lange schwarze Federn am Kopf.
Reiher fressen am liebsten Fische, aber auch
Mäuse, Frösche und größere Insekten. Manchmal
frisst ein Reiher auch Eier und Jungvögel.
Bei der Jagd nach Beute stehen sie unbeweglich
am Ufer, im seichten Wasser oder auf Wiesen und
schlagen blitzschnell mit ihrem Schnabel zu, wenn ein Beutetier in ihre Nähe kommt.
Ihre Nester bauen sie in der Nähe von Seen und Flüssen auf hohen Laub- und
Nadelbäumen, manchmal aber auch im Schilf oder in Büschen.
Manche Graureiher ziehen im Winter nach Süden, einige bleiben aber auch hier. Sie
brauchen offene Gewässer, um im Winter zu überleben. Bei strengem Frost kommen
viele Reiher um. Ansonsten können sie bis zu 24 Jahre alt werden.

Fülle den Steckbrief aus:

- Name: **Graureiher**
- Aussehen: **Gefieder: schwarz, weiß, grau;
Schnabel: gelb-orange; Größe: ca. 1 m;
lange schwarze Federn am Kopf etc.**
- Nahrung: **Fische, Mäuse, Frösche, Eier,...**
- Besonderheiten: **Graureiher jagen nicht im Flug, sondern
warten unbeweglich auf Beute. Sie werden bis zu 24
Jahre alt, überwintern hier oder ziehen nach Süden etc.**

Die Entwicklung einer Libelle

Ordne die Sätze. Nummeriere sie in der richtigen Reihenfolge.

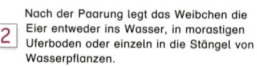

5 Eine Libelle muss viel Kraft aufbringen, um
die Hülle zu verlassen, denn die Larvenhaut
ist wie ein enger Panzer. Es dauert ungefähr
3 Stunden, bis sich die Libelle aus ihrer Hülle
befreit hat.

2 Nach der Paarung legt das Weibchen die
Eier entweder ins Wasser, in morastigen
Uferboden oder einzeln in die Stängel von
Wasserpflanzen.

4 Je nach Libellenart klettern die Larven
nach 1-4 Jahren zu Beginn des Sommers
an einer Pflanze aus dem Wasser. Die Libelle
schlüpft aus ihrer Hülle.

7 Die Libelle wartet noch, bis ihr Körper und ihre Flügel trocken und hart sind
und fliegt dann los.

6 Eine frisch geschlüpfte Libelle hat noch eine milchige Farbe.
Nach und nach erlangt sie ihre eigentliche Färbung.

1 Im Sommer paaren sich die Libellen oft im Flug.

8 Eine Libelle lebt nur einen Sommer lang.

3 Aus den Eiern schlüpfen braune Larven. Sie werden bis zu 5 cm lang und
häuten sich dabei viele Male.

Wer bin ich? Kreuze an.

Ich bin eine Pflanze, die feuchten oder nassen
Boden braucht. Ich kann nicht lange in trockener
Erde überleben, daher wachse ich immer nah
am Wasser. Meine Blätter sind dunkelgrün und
herzförmig. Viele Insekten finden in meinen
dottergelben Blüten Nahrung. Ich blühe von
März bis April.

- ☐ Ich bin eine weiße Seerose.
- ☐ Ich bin ein Rohrkolben.
- ☒ Ich bin eine Sumpfdotterblume.

Wie können Enten laufen und schwimmen?

Tiere wie der Frosch oder die Ente leben sowohl im
als auch am Wasser. Obwohl sie das Wasser zum
Überleben brauchen, können sie sich auch an
Land aufhalten.
Du hast bestimmt schon eine Ente an Land
gesehen. Man sagt, sie watschelt.
Zwischen ihren langen Zehen befinden sich
Schwimmhäute. Die Ente kann ihre Schwimmhäute
ausbreiten und zusammenziehen. Dabei werden zwei oder drei Zehen
einfach eng zusammengelegt und die Schwimmhäute verschwinden
fast. Das ist beim Schwimmen besonders wichtig.

So kannst du es selbst ausprobieren:

- Nimm 3 Strohhalme, Schaschlikspieße oder
andere Stäbe und klebe sie fächerförmig wie
die Zehen eines Entenfußes auf ein Stück
Plastiktüte oder eine Folie.
- Lass etwas Wasser in die Dusche oder die
Badewanne einlaufen und gleite mit deinem
Entenfuß mit ausgebreiteten und
zusammengelegten Schwimmhäuten durch das
Wasser. Was stellst du fest?

An Land hat die Ente ihre Zehen
immer weit gespreizt, weil sie sonst
das Gleichgewicht verliert und beim
Laufen umfällt.

Wer bin ich? Kreuze an.

Ich bin eine große Pflanze, die am oder auch
im Wasser wächst. Meine Blüte ist ein langer,
brauner Kolben. Meine Blätter sind sehr lang,
schmal und grün und mein Stängel ist hohl
wie ein Rohr. Ich bin selten allein. Dort, wo
ich wachse, kannst du viele Pflanzen wie mich
sehen. Ich blühe von Mai bis August.

- ☐ Ich bin eine weiße Seerose.
- ☒ Ich bin ein Rohrkolben.
- ☐ Ich bin eine Sumpfdotterblume.

Kennst du dich mit Fröschen aus?
Finde heraus, ob die Aussagen richtig oder falsch sind.
Trage den entsprechenden Buchstaben ein.

	richtig	falsch
1. Frösche werden im Wasser geboren.	(F)	s
2. Ein Frosch legt seine Eier in ein Nest am Ufer.	e	(r)
3. Frösche sind oft an Land.	(ö)	b
4. Frösche fallen in eine Winterstarre.	(sch)	a
5. Frösche gehören zu den Amphibien.	(e)	m
6. Frösche fressen Blüten.	u	(s)
7. Alle Frösche sind grün.	l	(i)
8. Frösche müssen sich besonders vor Störchen und Reihern in Acht nehmen.	(n)	j
9. Frösche fressen Insekten.	(d)	o
10. Frösche halten Winterschlaf.	F	(A)
11. Frösche können unter Wasser durch ihre Haut atmen.	(m)	u
12. Froscheier heißen Kaulquappen.	k	(p)
13. Aus den Eiern schlüpfen Kaulquappen.	(h)	z
14. Frösche können schlecht schwimmen.	w	(i)
15. Die Eier von Fröschen nennt man Laich.	(b)	f
16. Aus den Eiern schlüpfen Frösche.	h	(i)
17. Frösche sind vom Aussterben bedroht.	(e)	m
18. Frösche brüten ihre Eier aus.	d	(n)

Das Lösungssatz ist:

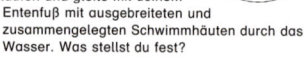

F$_1$ r$_2$ ö$_3$ sch$_4$ e$_5$ s$_6$ i$_7$ n$_8$ d$_9$
A$_{10}$ m$_{11}$ p$_{12}$ h$_{13}$ i$_{14}$ b$_{15}$ i$_{16}$ e$_{17}$ n$_{18}$

Lösungen

Kennst du dich unter Wasser aus?
Welche Tiere leben dort? Teste dein Wissen.

Crossword:
1. GOLDFISCH
2. LIBELLENLARVE (down)
10. KARPFEN
4. STICHLING
8. SCHLAMMSCHNECKE (down)
6. RÜCKENSCHWIMMER (down)
5. TEICHMUSCHEL (down)
7. FORELLE (down)
9. HECHT
3. KAULQUAPPE

1. Welcher Fisch hat meistens eine leuchtend rot-orange Farbe? Es handelt sich um einen Zuchtfisch, d.h., er kommt nicht in der Natur vor, sondern wurde von Menschen gezüchtet. Man sieht ihn nur in Zierteichen. Er kann 30-40 Jahre alt werden.
2. Welches kleine Tier lebt 1-4 Jahre unter Wasser und häutet sich in dieser Zeit mehrmals? Irgendwann kriecht es aus dem Wasser, damit eine Libelle schlüpfen kann.
3. Was schlüpft aus dem Froschlaich?
4. Welcher Fisch hat keine Schuppen, aber Stachel vor der Rückenflosse?
5. Welches Tier lebt auf dem Teichboden und steht unter Naturschutz? Es filtert das Wasser, indem es den aufgewirbelten Sandboden aufsaugt und Plankton herausfiltert. Seine Schale ist hart und eiförmig.
6. Welches Tier gehört zu den Wasserwanzen und schwimmt mit der Bauchseite nach oben? Es lebt direkt unter der Wasseroberfläche und wird ungefähr 1,5 cm groß. Man nennt es auch Wasserbiene, weil es stechen kann.
7. Welcher Fisch ist bei Anglern und Züchtern sehr beliebt? Es handelt sich um einen Speisefisch, der in mittleren Wasserschichten lebt und der auch gern geräuchert verspeist wird.
8. Welches Weichtier kann in stehenden und fließenden Gewässern leben? Bei Gefahr zieht es sich in eine harte, leicht spiralförmige Schale zurück. Zum Luftholen muss es an die Wasseroberfläche. Es frisst Wasserpflanzen und Grünalgen.
9. Welcher Raubfisch lebt sowohl in stehenden als auch in fließenden Gewässern? Er kann bis zu 1,5 Meter lang werden und frisst andere Fische, Amphibien, Wasservögel und Insekten, die der Wasseroberfläche zu nah kommen.
10. Welcher Fisch lebt in warmen, stehenden und langsam fließenden Gewässern und ernährt sich von Würmern, Muscheln, Schnecken, Insektenlarven und Krebstieren? Er hat ein kurzes und ein langes Paar Barteln am Maul und ist je nach Gewässer grau bis silbrig gefärbt. Er ist auch ein wichtiger Speisefisch.

Lösungswörter:
Libellenlarve | Karpfen | Kaulquappe | Rückenschwimmer | Hecht | Goldfisch | Forelle | Stichling | Teichmuschel | Schlammschnecke |

Wer bin ich? Kreuze an.
Ich bin eine Pflanze, die du auf vielen Seen oder Teichen bewundern kannst. Du siehst nur meine weiße Blüte und die Schwimmblätter. Mein langer Stiel ist unter Wasser und verbindet mich mit dem Gewässerboden. Mein Stiel kann über 2 Meter lang werden. Damit kann ich mich unterschiedlichen Wasserständen anpassen. Ich stehe unter Naturschutz.

☒ Ich bin eine weiße Seerose.
☐ Ich bin ein Rohrkolben.
☐ Ich bin eine Sumpfdotterblume.

Welche Tiere und Pflanzen kennst du?
Ordne die richtigen Nummern zu.

1. Teichfrosch
2. Stockente
3. Wasserläufer
4. Libelle
5. Fischreiher
6. Stichling
7. Forelle
8. Bachstelze
9. Kaulquappen
10. Sumpfdotterblume
11. Wasserschwertlilie
12. Wasserlinse
13. Weiße Seerose
14. Gelbe Teichrose
15. Breitblättriger Rohrkolben
16. Wasserhahnenfuß

Lösungen

Zahlen aus der Naturwissenschaft

Wie viele Blätter kann eine 30-jährige Eiche haben?

☐ 20 000   ☒ 250 000   ☐ 1 000 000

Bis zu wie viele Ameisen leben zusammen in einem Ameisenhaufen?

☐ 8000   ☐ 80 000   ☒ 800 000

Der Wels ist der größte Fisch, der in Deutschland in Flüssen oder Seen lebt. Wie lang kann er werden?

☐ ca. 1,50 m   ☒ ca. 2,50 m   ☐ ca. 3,50 m

Wie oft schlägt eine Libelle in der Sekunde mit den Flügeln?

☐ 2-mal   ☒ 30-mal   ☐ 100-mal

Wie oft schlägt dein Herz ungefähr im Jahr?

☐ ca. 1 Million Mal   ☐ ca. 10 Millionen Mal   ☒ ca. 35 Millionen Mal

Wie groß ist der kleinste Knochen in deinem Körper?

☒ 3 mm   ☐ 1 cm   ☐ 14 cm

Welches war die höchste Temperatur, die in Deutschland jemals gemessen wurde?

☐ 30°C   ☒ 41°C   ☐ 53°C

Wie viele Vulkane gibt es ungefähr auf der Welt, die wieder ausbrechen können?

☐ 100   ☐ 800   ☒ 1500

Hast du die Seite fertig bearbeitet? Dann darfst du dir hinten Sterne auf die Nummern 125 und 150 kleben.

Hagel durcheinander

...ge zu Regen (R),
... passen auch zu
...ehrere Buchstaben

...ch oben,
...en.

...frieren um

...hließen

...ige

...sser
...en herum

...chwer,

- Wenn die aus gefrorenem Wasser bestehenden
  Eiskristalle in den Wolken zu schwer werden, fallen
  sie zur Erde herab.

- Der Wind hebt die gefrorenen Wassertropfen immer
  wieder nach oben, wo noch mehr Wasser um einen
  Eistropfen herum anfriert.

- Ist die Luft auf der Erde warm, schmelzen die Eiskristalle
  auf ihrem Weg zur Erde hinab wieder.

- Ist es auf der Erde kalt, bleiben die aus den Wolken
  fallenden Eiskristalle gefroren.

Neben Regen, Schnee und Hagel zählen auch Nebel, Tau und Raureif zu den Niederschlägen. Sie kommen aber nicht von weit oben aus hoch fliegenden Wolken, sondern bilden sich direkt an der Erdoberfläche.

Nebel

Nebel kann sehr schön aussehen, aber weil er die Sicht behindert, ist er auch gefährlich: Dann muss man im Straßenverkehr besonders gut aufpassen. Nebel ist nichts anderes als eine Wolke, die aber nicht hoch oben am Himmel schwebt, sondern den Erdboden berührt.

Wenn feuchte Luft (in der also viel verdunstetes Wasser enthalten ist) mit kalter Luft in Berührung kommt, kann sich direkt über dem Boden so eine Wolke bilden. Das passiert meistens am Morgen, wenn die Sonne mehr Wasser vom Boden in die noch kalte Luft verdunstet. Es kann auch abends geschehen, wenn die Luft am Boden schnell abkühlt.

Tau

In der Luft ist immer eine gewisse Menge an verdunstetem Wasser. Je kälter es wird, desto weniger verdunstetes Wasser kann in der Luft gehalten werden. Die Luftfeuchtigkeit sinkt. Wenn die Temperatur immer weiter fällt, heften sich winzige Wasserteilchen aus der Luft an Gegenstände und Pflanzen an, wo sie nach und nach Tröpfchen bilden. Da es am Morgen meistens sehr kühl ist, sieht man dann oft sogenannten Morgentau.

Raureif

Wenn es nachts sehr kalt ist, bilden sich aus der Luftfeuchtigkeit kleine, winzige Tautröpfchen. Sinkt die Temperatur unter 0 Grad Celsius ab, dann gefrieren diese Tröpfchen. Der Boden und die Pflanzen werden mit einer dünnen Eisschicht überzogen. Das ist der Reif, aber noch kein Raureif. Der entsteht erst, wenn die Temperatur unter -8 Grad Celsius absinkt und die Luftfeuchtigkeit sehr hoch ist. Die Feuchtigkeit in der Luft schlägt sich dann in Form von Eiskristallen an Pflanzen und Gegenständen nieder.

Was weißt du jetzt alles über Nebel, Tau und Raureif?
Kreuze an, ob die folgenden Aussagen richtig sind oder falsch.

	richtig	falsch
• Tau entsteht, wenn es nachts regnet und das Wasser auf Pflanzen und Gegenständen stehen bleibt.		
• Nebel ist eine Wolke, die ganz nah am Boden schwebt.		
• Raureif entsteht besonders oft im Sommer.		
• Tau entsteht am ehesten, wenn es nachts sehr warm ist.		
• Nebel bildet sich am ehesten dort, wo die Luft sehr trocken ist.		
• Raureif entsteht wie Schnee, wenn sich aus dem Wasser in der Luft Eiskristalle bilden.		
• Tau bildet sich, wenn die Luft sehr feucht ist, es dann aber schnell abkühlt.		
• Nebel entsteht besonders dort, wo aus Gewässern oder großen Flächen viel Feuchtigkeit verdunstet.		
• Raureif fällt zuerst als Schnee vom Himmel, klebt dann aber an Pflanzen und Gegenständen fest.		
• Tau besteht aus Wassertropfen, die sich aus dem gasförmigen Wasser in der Luft an Pflanzen und Gegenständen bilden.		
• Nebel hilft uns im Straßenverkehr, weil dann alle besser aufpassen.		

Hast du die Seite fertig bearbeitet? Dann darfst du dir hinten Sterne auf die Nummern 119 und 180 kleben.

35

Meteorologen sind Männer und Frauen, deren Beruf es ist, das Wetter zu beobachten und vorherzusagen. Sie beschreiben Wetter als Zusammenspiel aller Wettererscheinungen in der Luft während eines Tages.

Welche Wettererscheinungen stellen Meteorologen mit diesen Zeichen dar? Verbinde richtig.

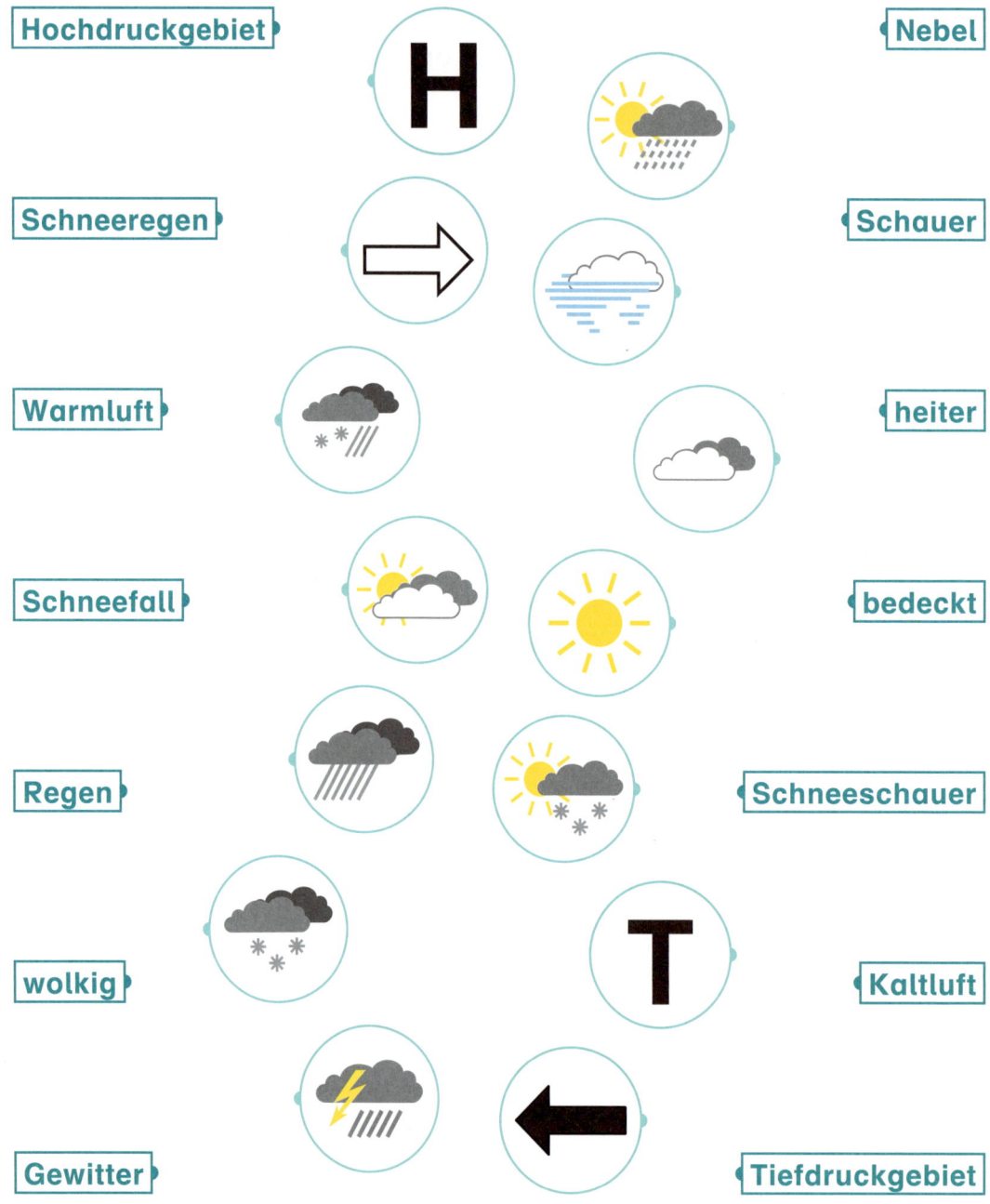

Hast du die Seite fertig bearbeitet? Dann darfst du dir hinten einen Stern auf die Nummer 74 kleben.

Welcher Wetterbericht gilt für welche Stadt? Verbinde.

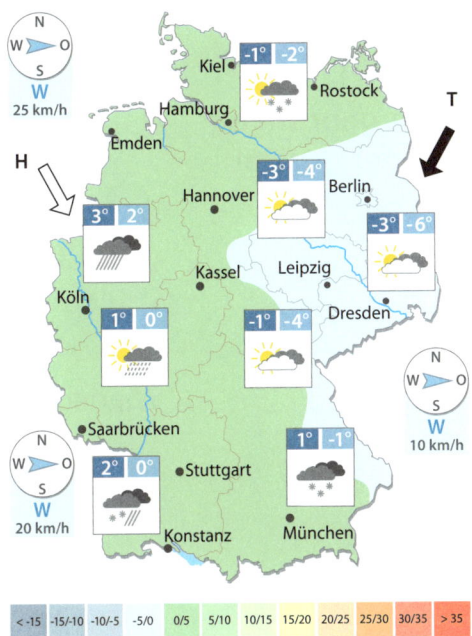

Das Wetter

Stuttgart

Das Wetter

Kiel

Das Wetter

Köln

Die Temperaturen errei-chen maximal -2 bis -1 Grad. Sonnige und wolki-ge Abschnitte wechseln sich ab, gelegentlich fällt etwas Schnee. Der Wind weht mit etwa 25 km/h aus West.

Aus einer geschlossenen Wolkendecke fallen Re-gen-, Schnee- und Schnee-regenschauer. Die Tem-peratur steigt nicht über 2 Grad. Aus Westen weht ein mäßiger Wind mit ma-ximal 20 km/h.

Die Temperatur steigt tags-über bis 3 Grad Celsius. Die Wolkendecke lockert am Tage nicht auf, es fällt ergiebiger Regen. Aus Wes-ten weht mäßiger Wind mit einer Geschwindigkeit von 20 bis 25 km/h.

Wie wird das Wetter in Berlin? Schreibe einen Wetterbericht.

_____

_____

_____

Lies die Wetterkarte in eurer Tageszeitung.
Wie wird das Wetter an deinem Wohnort?

Hast du die Seite fertig bearbeitet? Dann darfst du dir hinten einen Stern auf die Nummer 219 kleben.

37

Um das Wetter vorhersagen zu können, muss man es genau und lange beobachten. Heute benutzen die Meteorologen dazu Satelliten im Weltraum und Wetterstationen auf Schiffen, in Flugzeugen, an Wetterballons, auf Bergen und überall auf der Welt.

Zur Wettervorhersage werden viele Geräte gebraucht.
Verbinde das Gerät und das, was es misst oder anzeigt:

Windrichtung und ungefähre Windstärke

Windsack

Luftdruck

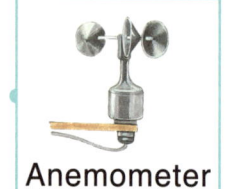

Anemometer

Windstärke

Barometer

Regen- und Schneemenge

Niederschlagsmesser

Wolkenbewegung

Windfahne

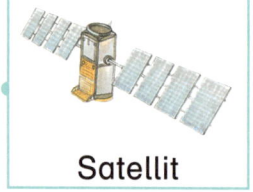

Satellit

Windrichtung

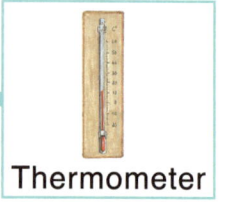

Temperatur

Thermometer

Hast du die Seite fertig bearbeitet? Dann darfst du dir hinten einen Stern auf die Nummer 174 kleben.

Beobachte das Wetter bei dir zuhause einige Tage.
Kontrolliere jeden Tag, ob die Wettervorhersage im Fernsehen,
Radio oder in der Zeitung richtig war.

Tag		Temperatur	Windrichtung

Hast du die Seite fertig bearbeitet? Dann darfst du dir hinten einen Stern auf die Nummer 151 kleben.

39

Das Verbrennungsdreieck

Drei Voraussetzungen sind notwenig, damit ein Feuer brennen kann. Wenn ein Brand gelöscht wird, entzieht man dem Feuer eine dieser Voraussetzungen.

Was wird dem Feuer auf diesen Bildern entzogen?

Male den Rahmen in der passenden Farbe an.

Kennst du noch andere Löschmittel?

Hast du die Seite fertig bearbeitet? Dann darfst du dir hinten einen Stern auf die Nummer 205 kleben.

Der Notruf

Der Notruf ist, wie der Name sagt, nur für Notfälle. Um einen Notfall handelt es sich, wenn du oder Menschen in deiner Nähe in Not oder verletzt sind. Auch wenn Tiere oder wertvolle Dinge wie Häuser oder Scheunen in Gefahr sind, sollst du den Notruf wählen.

Wenn du den Notruf wählst, gibt es 4 wichtige Informationen, die du der Feuerwehr mitteilen musst. Worum handelt es sich?

W _____

W _____

W _____

W _____

Und dann: **W**arten!

Die Feuerwehr

Die Feuerwehr ruft man nicht nur, wenn es brennt.
Ihre Aufgaben sind löschen, retten, bergen und schützen.

Ordne diese Begriffe dem Logo der Feuerwehr zu.

1. _____   2. _____

3. _____   4. _____

Welche Aufgabe erfüllen die Feuerwehrleute auf diesen Bildern? Trage die richtige Nummer ein.

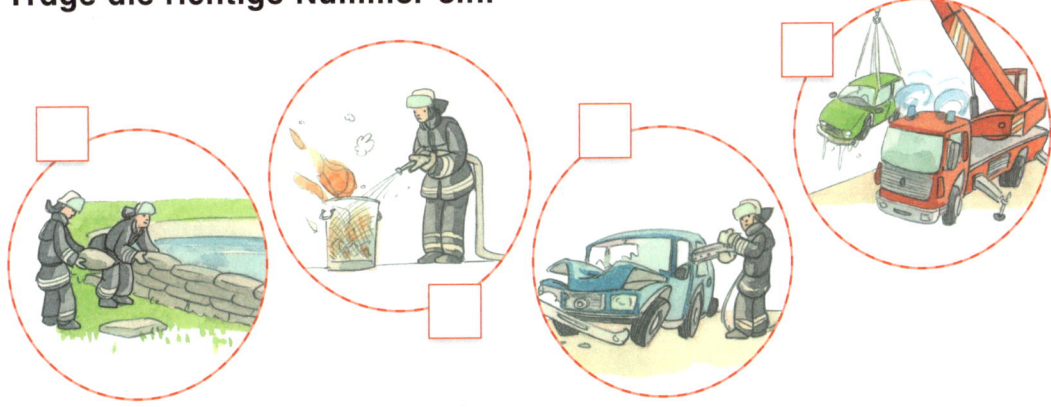

Wo kann das Feuer gefährlich werden? Kreise ein.

Warum kann das Feuer in diesen Situationen gefährlich werden?

_____

_____

_____

_____

_____

_____

Wie können Brände in der Natur entstehen?

_____

_____

_____

_____

Wo sind bei euch im Haus Rauchmelder und Feuerlöscher?

_____

In welchen Räumen sind Rauchmelder und Feuerlöscher besonders wichtig?

_____

_____

_____

Erstelle einen Fluchtwegeplan für euer Haus.

Kennst du dich mit Feuer und Bränden aus? In welchen Aussagen wird richtiges Verhalten beschrieben, in welchen Aussagen falsches und gefährliches Verhalten?

		richtig	falsch
1.	Brennendes Öl oder Fett in einer Pfanne immer mit einem Deckel ersticken.	e	m
2.	Brennendes Öl oder Fett in einer Pfanne mit Wasser löschen.	n	b
3.	Die Feuerwehr rufe ich nur, wenn es brennt.	a	e
4.	Die Feuerwehr rufe ich auch bei Unfällen.	n	t
5.	Wenn mein Ärmel brennt, lege ich mich auf den Boden und wälze mich herum, um das Feuer zu ersticken.	s	u
6.	Wenn mein Ärmel brennt, renne ich weg oder versuche das Feuer auszuschütteln.	k	r
7.	Wenn der Fluchtweg durch Rauch versperrt ist, halte ich die Luft an und laufe hindurch.	i	e
8.	Wenn mein Fluchtweg verraucht ist, kann ich versuchen, am Boden entlang zu kriechen, weil Rauch immer nach oben steigt.	tt	ss
9.	Wenn ich mich nicht selbst retten kann, mache ich mich am Fenster bemerkbar und warte auf die Feuerwehr.	e	s
10.	Wenn ich mich nicht selbst retten kann, verstecke ich mich im Schrank und warte auf die Feuerwehr.	n	r

Das Lösungswort ist: L [ ] [ ] [ ] [ ] [ ] [ ] [ ] [ ] [ ] [ ]
                          1   2   3   4   5   6   7   8   9   10

Hast du die Seite fertig bearbeitet? Dann darfst du dir hinten einen Stern auf die Nummer 204 kleben.

43

Jede Erdöffnung, aus der geschmolzenes Gestein aus dem Erdinneren kommen kann, ist ein Vulkan. Vulkane können entstehen, wenn sich zwei Erdplatten übereinander schieben. Die untere Platte wird in den Erdmantel gedrückt und schmilzt dort.

Das geschmolzene, flüssige Gestein nennt man **Magma**. Das Magma sucht sich einen Weg an die Oberfläche und durchbricht die Erdkruste. So entsteht ein neuer Vulkan. Nun nennt man das geschmolzene Gestein nicht mehr Magma, sondern **Lava**.

Bei einem Vulkanausbruch kann die Lava ruhig und auch langsam aus der Öffnung fließen oder auch explosionsartig daraus hervorstoßen. Zu Beginn fließt die Lava oft nur aus einem tiefen Spalt oder einem Loch in der Erde. An der Erdoberfläche kühlt die Lava ab und wird zu festem Gestein. Immer mehr Lava strömt nach und so entsteht langsam ein Berg. Ein Vulkanberg kann in wenigen Tagen oder auch in Tausenden von Jahren entstehen. Es kommt immer darauf an, wie viel Lava ausströmt.

Ein Vulkan beginnt kilometertief unter der Erde. Dort ist die **Magmakammer**, in der sich das flüssige Gestein sammelt. Ist die Magmakammer voll, steigt das Magma durch einen **Schlot** zur Erdoberfläche. Meistens hat ein Vulkan mehrere Schlote. Der Schlot endet in einer trichterförmigen Vertiefung, die man **Krater** nennt. Um diese Vertiefung herum entsteht der Berg aus **Vulkangestein**.

Beschrifte die Zeichnung mit den farbig markierten Wörtern aus dem Text.

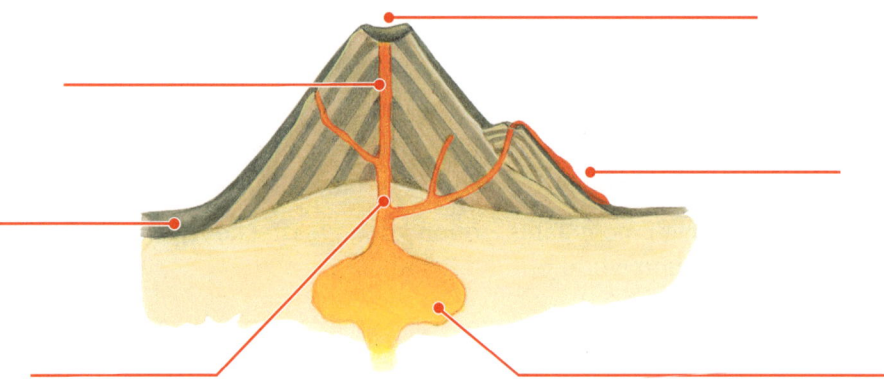

Du kannst deinen eigenen Vulkan ausbrechen lassen.

Wenn du noch rote Lebensmittelfarbe zu dem Backpulver gibst, sieht die Lava beinahe echt aus.

Dafür benötigst du:

• Eine flache Schüssel oder ein Tablett
• Sand/Erde
• Ein leeres Röhrchen (z. B. von Vitamin- oder Brausetabletten)
• 2 Päckchen Backpulver
• Essig

So funktioniert es:

• Gib das Backpulver in das Röhrchen.
• Stelle das Röhrchen aufrecht auf das Tablett oder in die Schüssel.
• Forme mit dem Sand den Vulkan um deinen Vulkanschlot herum.
• Gieße Essig in das Röhrchen hinein.

Was ist passiert? Was hast du beobachtet?

_____

_____

_____

Wo gab es Vulkanausbrüche?

_____

Wo gibt es Vulkane?

_____

Gibt es Vulkane in Deutschland?

_____

Hast du die Seite fertig bearbeitet? Dann darfst du dir hinten einen Stern auf die Nummer 109 kleben.

45

Die Blätter haben verschiedene Formen, z. B. länglich, rundlich, eiförmig, herzförmig.

Schreibe die passenden Begriffe zu den Bildern:

Buche   Pappel

Bruchweide

Linde

Auch die Ränder sind unterschiedlich, z. B. glatt, gebuchtet, gezähnt, gelappt.

Schreibe die passenden Begriffe zu den Bildern:

Eiche

Erle

Ahorn

Salweide

Wer bin ich?

Pappel   Erle   Linde   Ahorn

- Meine Blätter sind rundlich und haben einen gesägten Rand.

- Du erkennst mich an meinen herzförmigen Blättern.

Beschreibe die Blattformen und -ränder.

Wie heißen die Früchte dieser Laubbäume?

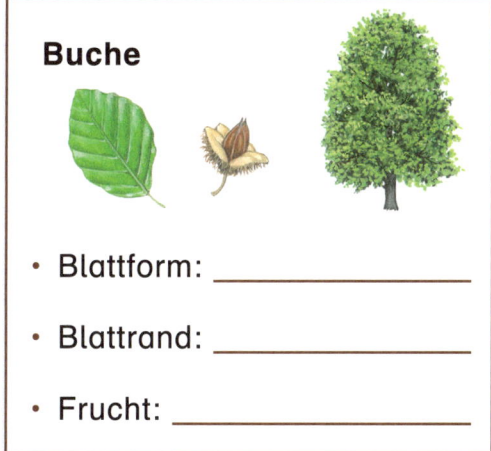

Buche

- Blattform: _____
- Blattrand: _____
- Frucht: _____

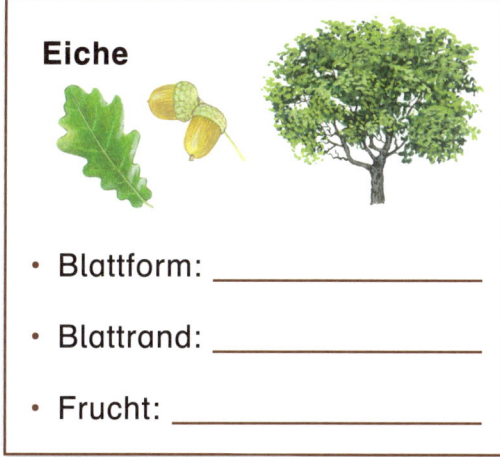

Eiche

- Blattform: _____
- Blattrand: _____
- Frucht: _____

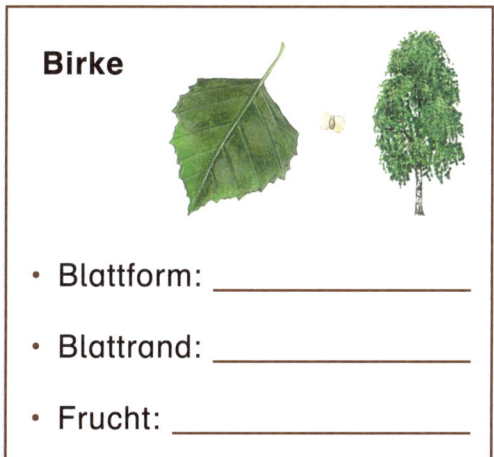

Birke

- Blattform: _____
- Blattrand: _____
- Frucht: _____

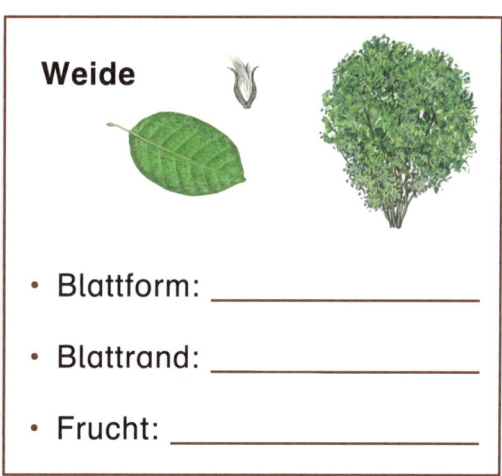

Weide

- Blattform: _____
- Blattrand: _____
- Frucht: _____

Lösungshilfe:

REKCEHCUB I LEHCIE I NEHCZTÄK I LESPAK I

So kannst du eine Rinden-Frottage machen:

Nimm Papier und Wachsmalkreide oder Zeichenkohle.
Halte das Papier an den Stamm eines Baumes und reibe
mit dem Stift über das ganze Papier.
Gestalte Rinden-Frottagen von verschiedenen Baumarten und
vergleiche sie.

Verbinde mit dem richtigen Baum.

Die Nadeln sind sehr lang.

Der Zapfen ist klein und eiförmig.

Der Zapfen ist groß und eiförmig.

Die Nadeln wachsen paarweise aus dem Zweig.

Die Nadeln fallen im Winter ab.

Die Zapfen stehen nur nach oben.

Kiefer

Lärche

Tanne

Die Nadeln wachsen in Büscheln aus dem Zweig.

Die Nadeln wachsen links und rechts des Zweiges.

Warum hat ein Nadelbaum Nadeln? Kreuze richtig an:

☐ Durch die Nadeln werden Tiere abgewehrt, die die Äste fressen wollen.

☐ Wenn ein Baum Nadeln hat, verdunstet weniger Wasser, als wenn er Laub hätte.

☐ Er hat Nadeln, damit es zu Weihnachten einen Christbaum gibt.

Die Rinde einer Tanne ist glatt, die Rinde einer Fichte ist rauher.

Tanne oder Fichte?
Betrachte die Bilder genau und
fülle die Tabelle aus.

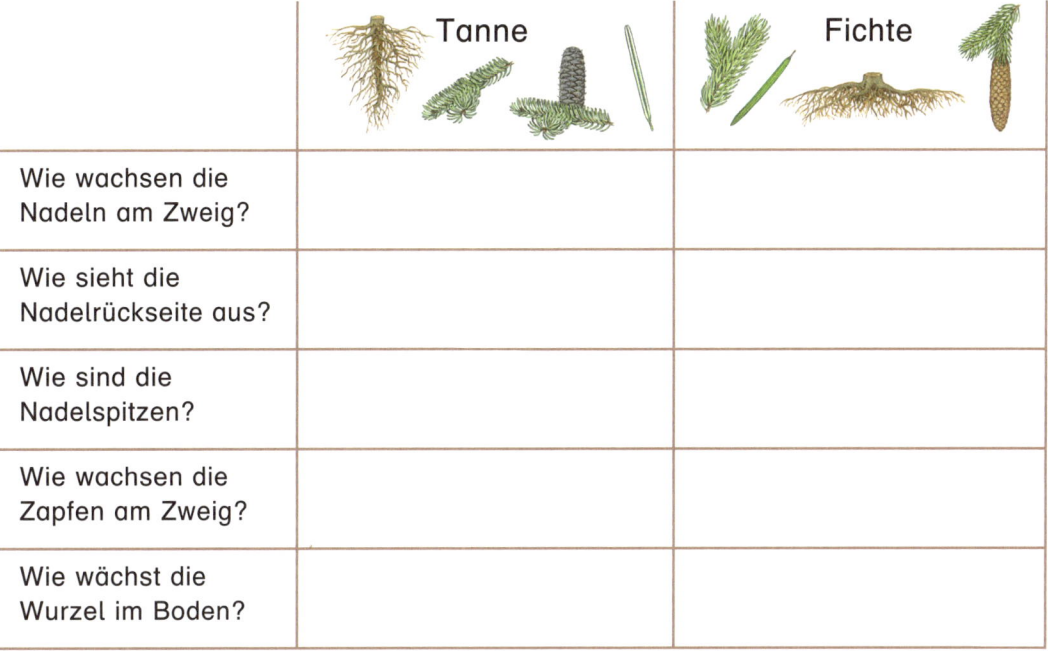

	Tanne	Fichte
Wie wachsen die Nadeln am Zweig?		
Wie sieht die Nadelrückseite aus?		
Wie sind die Nadelspitzen?		
Wie wachsen die Zapfen am Zweig?		
Wie wächst die Wurzel im Boden?		

Richtig oder falsch?

	richtig	falsch
• Eine Tanne kann bis zu 600 Jahre alt werden.		
• Die Fichte wird auch Blautanne genannt, weil sie eine bläuliche Rinde hat.		
• Lärchen sind besonders schöne Weihnachtsbäume.		
• Ein anderer Name für die Kiefer ist Föhre.		
• Weil die Wurzel der Fichte nicht in tief in den Boden wächst, ist sie bei einem Sturm gut im Boden verankert und fällt selten um.		
• Die Zapfen der Tanne fallen nur als Schuppen zu Boden.		

Hast du die Seite fertig bearbeitet? Dann darfst du dir hinten einen Stern auf die Nummer 152 kleben.

Wie heißen diese Tiere?

Im Waldboden leben viele verschiedene Tiere. Verbinde.

Waldameise	Assel	Zecke

Weberknecht	Borkenkäfer	Kreuzspinne	Nashornkäfer

Lies die Steckbriefe der Waldvögel.

Schreibe danach den passenden Namen unter die Bilder.

Der **Waldkauz** gehört zu den Eulen. Sein Gefieder ist braun und weiß. Die großen Augen helfen ihm, auch nachts zu sehen. Er kann lautlos fliegen. Seine Nahrung sind kleine Säugetiere, z. B. Eichhörnchen, Kaninchen oder Mäuse.

Der **Habicht** hat ein graues oder graubraunes Gefieder. Auf dem Bauch hat er weiße Querstreifen. Seine starken Krallen braucht er, um seine Beute, z. B. Eichhörnchen zu greifen. Auffallend sind seine rötlichen Augen.

Der **Buntspecht** hat ein schwarz-weiß-rot gemustertes Gefieder. Mit seinem langen, geraden Schnabel hämmert er Löcher in den Baumstamm, um darin Nahrung, z. B. Borkenkäfer zu suchen.

Das Gefieder der **Kohlmeise** ist am Bauch gelb. Auf dem Kopf und an der Kehle ist es schwarz. Der kleine Vogel ernährt sich unter anderem von Insekten, Spinnen, Beeren und Nüssen. Die Kohlmeise lebt häufig auch in der Nähe von Menschen.

Der **Eichelhäher** hat ein braun-rosa Gefieder mit blau-schwarzem Muster auf den Flügeln. Sein Schnabel ist schwarz und kräftig. Er braucht ihn, um Nüsse zu knacken. Zu seiner Nahrung gehören aber auch kleine Tiere und Pilze.

_____

_____

Schreibe einen eigenen Vogelsteckbrief.

_____

_____

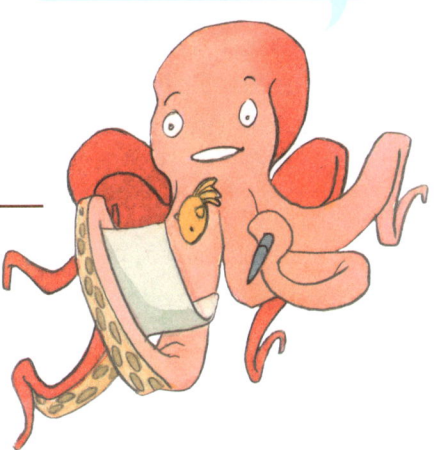

Hast du die Seite fertig bearbeitet? Dann darfst du dir hinten einen Stern auf die Nummer 133 kleben.

51

Der Wald ist ein Lebensraum für viele verschiedene Tiere.
Diese ernähren sich von Pflanzen oder von anderen Tieren.

Das fressen die Tiere im Wald:

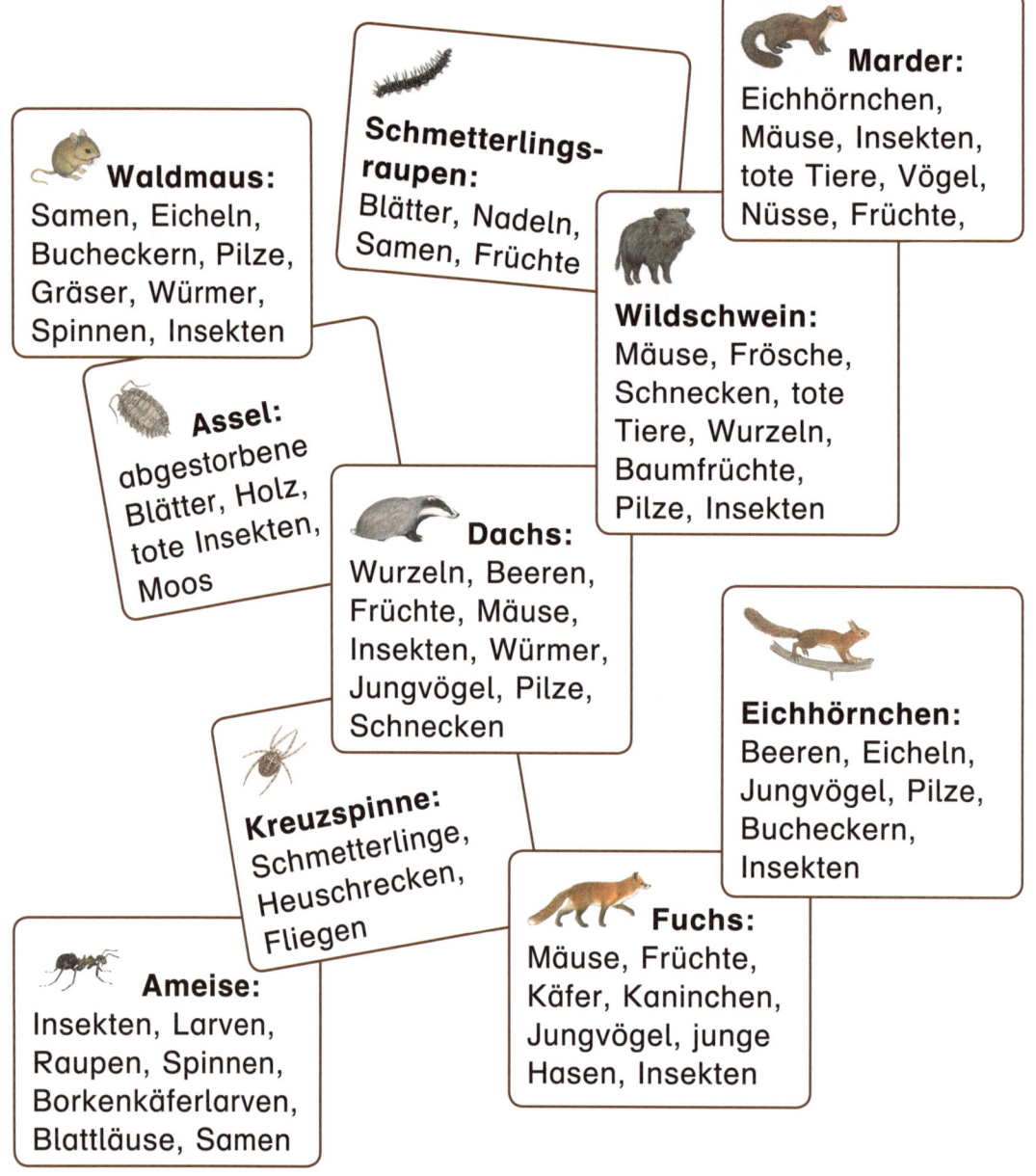

Schmetterlings-raupen:
Blätter, Nadeln, Samen, Früchte

Marder:
Eichhörnchen, Mäuse, Insekten, tote Tiere, Vögel, Nüsse, Früchte,

Waldmaus:
Samen, Eicheln, Bucheckern, Pilze, Gräser, Würmer, Spinnen, Insekten

Wildschwein:
Mäuse, Frösche, Schnecken, tote Tiere, Wurzeln, Baumfrüchte, Pilze, Insekten

Assel:
abgestorbene Blätter, Holz, tote Insekten, Moos

Dachs:
Wurzeln, Beeren, Früchte, Mäuse, Insekten, Würmer, Jungvögel, Pilze, Schnecken

Eichhörnchen:
Beeren, Eicheln, Jungvögel, Pilze, Bucheckern, Insekten

Kreuzspinne:
Schmetterlinge, Heuschrecken, Fliegen

Ameise:
Insekten, Larven, Raupen, Spinnen, Borkenkäferlarven, Blattläuse, Samen

Fuchs:
Mäuse, Früchte, Käfer, Kaninchen, Jungvögel, junge Hasen, Insekten

Welches Tier ist Vegetarier?

Im Wald gilt „fressen und gefressen werden".
Pflanzen werden von Tieren gefressen, diese Tiere können wieder die
Nahrung von anderen Tieren sein. So bildet sich eine Nahrungskette.

Fülle die Lücken in diesen Nahrungsketten, wie du es beim ersten Beispiel siehst. Verwende dazu die Informationen von S. 51/52.

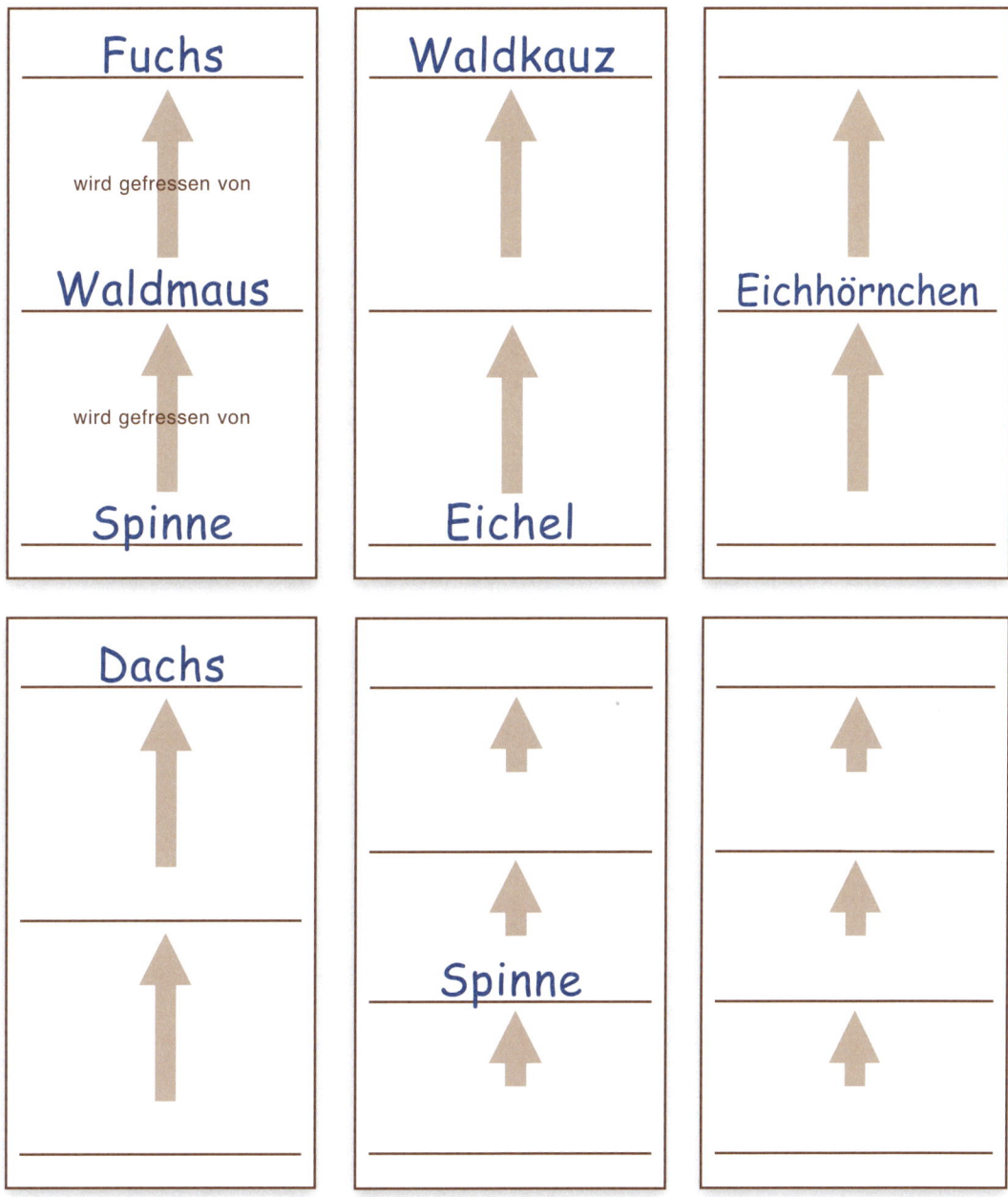

Der Wald schützt uns

- Der Wald schützt besonders an Berghängen
die Menschen vor Umweltgefahren.
Die Bäume und Sträucher sind mit ihren Wurzeln
im Boden fest verankert. So verhindern sie, dass der
Boden abrutscht und als Erd- oder Schlammlawine
herabstürzt.

- Gehen Schneelawinen ab oder rollen Steine den Berg
hinab, stehen die Bäume ihnen als natürliche Hindernisse
im Weg.

- Auf dem Waldboden wächst Moos. Wenn
es stark regnet oder Schnee schnell
taut, saugt das Moos das Wasser
wie ein Schwamm auf und verhindert, dass es zu einem Hochwasser
kommt.

- Bäume reinigen die Luft,
indem sie kleine Schmutzteilchen daraus
herausfiltern.

- Lärm verursacht Schallwellen. Wenn diese
auf Bäume treffen, werden sie in der Luft nicht
weitergeleitet.

Wovor schützt uns der Wald?

- _____

- _____

- _____

- _____

- _____

Der Wald sorgt für uns: Kreuze an, was richtig ist.

☐ Die Blätter nehmen verbrauchte Luft (Kohlenstoffdioxid) auf und geben frische Luft (Sauerstoff) wieder ab.

☐ Das Regenwasser sickert durch den Waldboden bis zum Grundwasser und wird dabei mithilfe von Kleinstlebewesen gereinigt.

☐ Der Baum saugt schmutziges Wasser auf und gibt es als Salzwasser wieder ab.

☐ Die Wurzeln nehmen Wasser auf. Es fließt bis zu den Blättern und wird dort als Wasserdampf wieder abgegeben.

☐ Die Blätter speichern die Wärme im Sommer und erwärmen damit die Luft im Winter.

Fülle die Lücken aus. Die Bilder helfen dir dabei.

• Wir können im Wald _____ und uns dabei erholen.

• Der Wald liefert _____ für Musikinstrumente sowie _____

_____

• Im Wald arbeiten viele Menschen, z. B. als _____

_____

Hast du die Seite fertig bearbeitet? Dann darfst du dir hinten einen Stern auf die Nummer 73 kleben.

55

Der Graureiher

Graureiher findet man oft an langsam fließenden Flüssen und an flachen Seen.
Der Graureiher hat lange Beine und wird ungefähr 1 Meter groß. Der Schnabel ist sehr lang und gelb-orange gefärbt. Sein Gefieder kann unterschiedlich gefärbt sein. Dabei kommen als Farben jedoch nur schwarz, weiß und Grautöne vor. Meistens ist er am Bauch hell und auf dem Rücken grau. Deswegen heißt er auch Graureiher. Der Kopf ist weiß, der Hals grauweiß. Er hat schwarze Streifen über den Augen und ein paar lange schwarze Federn am Kopf.
Reiher fressen am liebsten Fische, aber auch Mäuse, Frösche und größere Insekten. Manchmal frisst ein Reiher auch Eier und Jungvögel.
Bei der Jagd nach Beute stehen sie unbeweglich am Ufer, im seichten Wasser oder auf Wiesen und schlagen blitzschnell mit ihrem Schnabel zu, wenn ein Beutetier in ihre Nähe kommt. Ihre Nester bauen sie in der Nähe von Seen und Flüssen auf hohen Laub- und Nadelbäumen, manchmal aber auch im Schilf oder in Büschen.
Manche Graureiher ziehen im Winter nach Süden, einige bleiben aber auch hier. Sie brauchen offene Gewässer, um im Winter zu überleben. Bei strengem Frost kommen viele Reiher um. Ansonsten können sie bis zu 24 Jahre alt werden.

Fülle den Steckbrief aus:

- Name: _____

- Aussehen: _____

_____

_____

- Nahrung: _____

- Besonderheiten: _____

_____

_____

Die Entwicklung einer Libelle

Ordne die Sätze. Nummeriere sie in der richtigen Reihenfolge.

☐ Eine Libelle muss viel Kraft aufbringen, um die Hülle zu verlassen, denn die Larvenhaut ist wie ein enger Panzer. Es dauert ungefähr 3 Stunden, bis sich die Libelle aus ihrer Hülle befreit hat.

☐ Nach der Paarung legt das Weibchen die Eier entweder ins Wasser, in morastigen Uferboden oder einzeln in die Stängel von Wasserpflanzen.

☐ Je nach Libellenart klettern die Larven nach 1-4 Jahren zu Beginn des Sommers an einer Pflanze aus dem Wasser. Die Libelle schlüpft aus ihrer Hülle.

☐ Die Libelle wartet noch, bis ihr Körper und ihre Flügel trocken und hart sind und fliegt dann los.

☐ Eine frisch geschlüpfte Libelle hat noch eine milchige Farbe. Nach und nach erlangt sie ihre eigentliche Färbung.

1 Im Sommer paaren sich die Libellen oft im Flug.

☐ Eine Libelle lebt nur einen Sommer lang.

☐ Aus den Eiern schlüpfen braune Larven. Sie werden bis zu 5 cm lang und häuten sich dabei viele Male.

Wer bin ich? Kreuze an.

Ich bin eine Pflanze, die feuchten oder nassen Boden braucht. Ich kann nicht lange in trockener Erde überleben, daher wachse ich immer nah am Wasser. Meine Blätter sind dunkelgrün und herzförmig. Viele Insekten finden in meinen dottergelben Blüten Nahrung. Ich blühe von März bis April.

☐ Ich bin eine weiße Seerose.

☐ Ich bin ein Rohrkolben.

☐ Ich bin eine Sumpfdotterblume.

Wie können Enten laufen und schwimmen?

Tiere wie der Frosch oder die Ente leben sowohl im als auch am Wasser. Obwohl sie das Wasser zum Überleben brauchen, können sie sich auch an Land aufhalten.

Du hast bestimmt schon eine Ente an Land gesehen. Man sagt, sie watschelt.

Zwischen ihren langen Zehen befinden sich Schwimmhäute. Die Ente kann ihre Schwimmhäute ausbreiten und zusammenziehen. Dabei werden zwei oder drei Zehen einfach eng zusammengelegt und die Schwimmhäute verschwinden fast. Das ist beim Schwimmen besonders wichtig.

So kannst du es selbst ausprobieren:

- Nimm 3 Strohhalme, Schaschlikspieße oder andere Stäbe und klebe sie fächerförmig wie die Zehen eines Entenfußes auf ein Stück Plastiktüte oder eine Folie.

- Lass etwas Wasser in die Dusche oder die Badewanne einlaufen und gleite mit deinem Entenfuß mit ausgebreiteten und zusammengelegten Schwimmhäuten durch das Wasser. Was stellst du fest?

An Land hat die Ente ihre Zehen immer weit gespreizt, weil sie sonst das Gleichgewicht verliert und beim Laufen umfällt.

Wer bin ich? Kreuze an.

Ich bin eine große Pflanze, die am oder auch im Wasser wächst. Meine Blüte ist ein langer, brauner Kolben. Meine Blätter sind sehr lang, schmal und grün und mein Stängel ist hohl wie ein Rohr. Ich bin selten allein. Dort, wo ich wachse, kannst du viele Pflanzen wie mich sehen. Ich blühe von Mai bis August.

☐ Ich bin eine weiße Seerose.

☐ Ich bin ein Rohrkolben.

☐ Ich bin eine Sumpfdotterblume.

Kennst du dich mit Fröschen aus?

Finde heraus, ob die Aussagen richtig oder falsch sind.
Trage den entsprechenden Buchstaben ein.

	richtig	falsch
1. Frösche werden im Wasser geboren.	F	S
2. Ein Frosch legt seine Eier in ein Nest am Ufer.	e	r
3. Frösche sind oft an Land.	ö	b
4. Frösche fallen in eine Winterstarre.	sch	a
5. Frösche gehören zu den Amphibien.	e	m
6. Frösche fressen Blüten.	u	s
7. Alle Frösche sind grün.	l	i
8. Frösche müssen sich besonders vor Störchen und Reihern in Acht nehmen.	n	j
9. Frösche fressen Insekten.	d	o
10. Frösche halten Winterschlaf.	F	A
11. Frösche können unter Wasser durch ihre Haut atmen.	m	u
12. Froscheier heißen Kaulquappen.	k	p
13. Aus den Eiern schlüpfen Kaulquappen.	h	z
14. Frösche können schlecht schwimmen.	w	i
15. Die Eier von Fröschen nennt man Laich.	b	f
16. Aus den Eiern schlüpfen Frösche.	h	i
17. Frösche sind vom Aussterben bedroht.	e	m
18. Frösche brüten ihre Eier aus.	d	n

Das Lösungssatz ist:

1	2	3	4	5		6	7	8	9

10	11	12	13	14	15	16	17	18

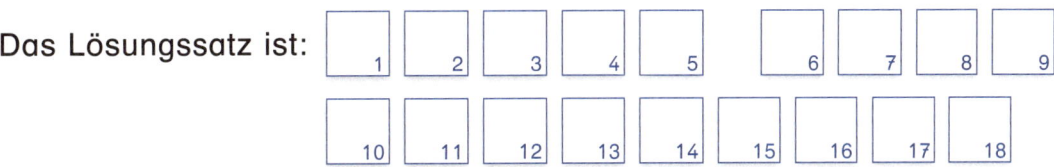

Hast du die Seite fertig bearbeitet? Dann darfst du dir hinten einen Stern auf die Nummer 148 kleben.

59

Kennst du dich unter Wasser aus?
Welche Tiere leben dort? Teste dein Wissen.

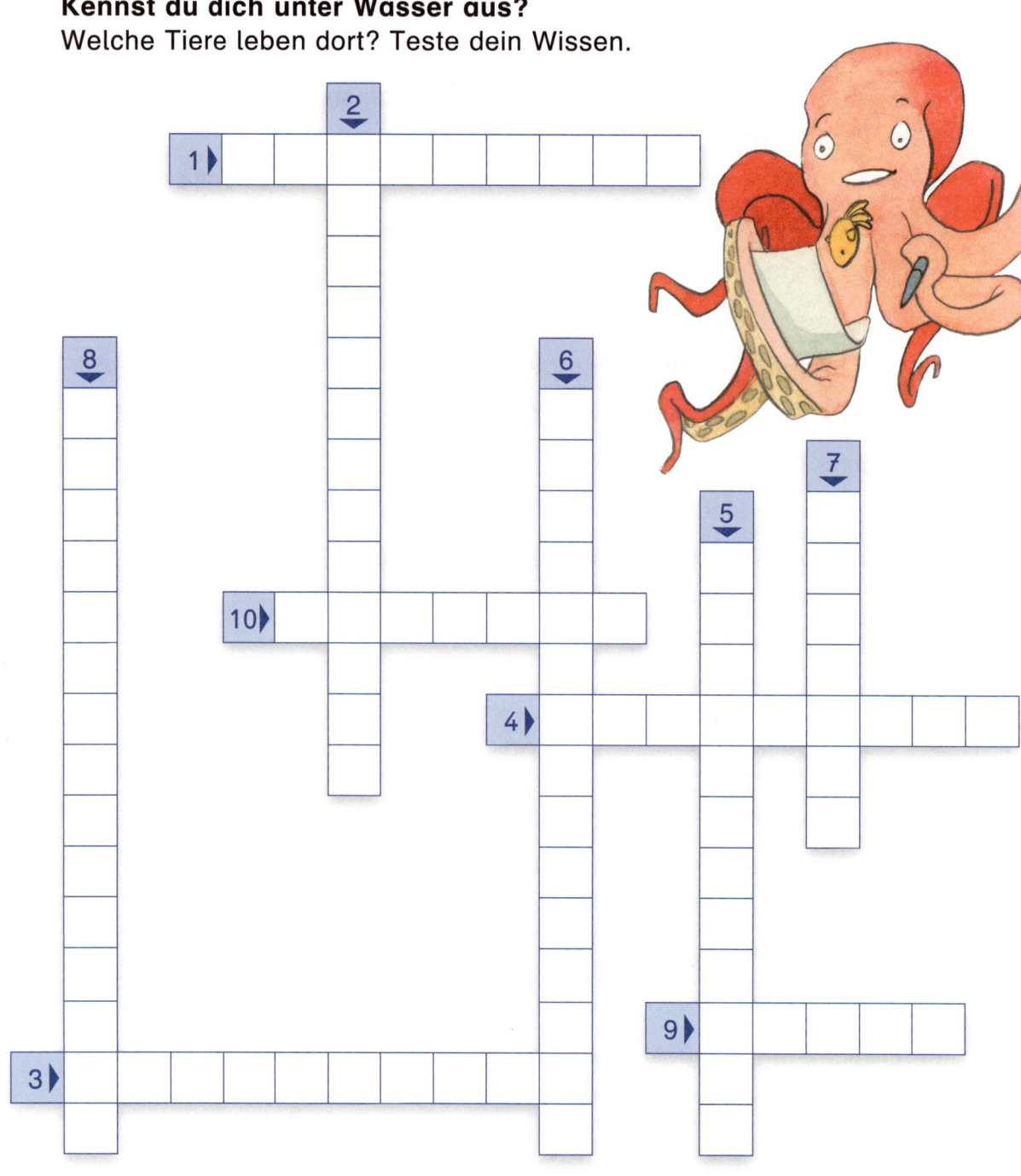

Lösungswörter:

Libellenlarve | Karpfen | Kaulquappe | Rückenschwimmer | Hecht |
Goldfisch | Forelle | Stichling | Teichmuschel | Schlammschnecke |

Hast du die Seite fertig bearbeitet? Dann darfst du dir hinten einen Stern auf die Nummer 110 kleben.

1. Welcher Fisch hat meistens eine leuchtend rot-orange Farbe? Es handelt sich um einen Zuchtfisch, d.h., er kommt nicht in der Natur vor, sondern wurde von Menschen gezüchtet. Man sieht ihn nur in Zierteichen. Er kann 30-40 Jahre alt werden.

2. Welches kleine Tier lebt 1-4 Jahre unter Wasser und häutet sich in dieser Zeit mehrmals? Irgendwann kriecht es aus dem Wasser, damit eine Libelle schlüpfen kann.

3. Was schlüpft aus dem Froschlaich?

4. Welcher Fisch hat keine Schuppen, aber Stacheln vor der Rückenflosse?

5. Welches Tier lebt auf dem Teichboden und steht unter Naturschutz? Es filtert das Wasser, indem es den aufgewirbelten Sandboden aufsaugt und Plankton herausfiltert. Seine Schale ist hart und eiförmig.

6. Welches Tier gehört zu den Wasserwanzen und schwimmt mit der Bauchseite nach oben? Es lebt direkt unter der Wasseroberfläche und wird ungefähr 1,5 cm groß. Man nennt es auch Wasserbiene, weil es stechen kann.

7. Welcher Fisch ist bei Anglern und Züchtern sehr beliebt? Es handelt sich um einen Speisefisch, der in mittleren Wasserschichten lebt und der auch gern geräuchert verspeist wird.

8. Welches Weichtier kann in stehenden und fließenden Gewässern leben? Bei Gefahr zieht es sich in eine harte, leicht spiralförmige Schale zurück. Zum Luftholen muss es an die Wasseroberfläche. Es frisst Wasserpflanzen und Grünalgen.

9. Welcher Raubfisch lebt sowohl in stehenden als auch in fließenden Gewässern? Er kann bis zu 1,5 Meter lang werden und frisst andere Fische, Amphibien, Wasservögel und Insekten, die der Wasseroberfläche zu nah kommen.

10. Welcher Fisch lebt in warmen, stehenden und langsam fließenden Gewässern und ernährt sich von Würmern, Muscheln, Schnecken, Insektenlarven und Krebstieren? Er hat ein kurzes und ein langes Paar Barteln am Maul und ist je nach Gewässer grau bis silbrig gefärbt. Er ist auch ein wichtiger Speisefisch.

Wer bin ich? Kreuze an.

Ich bin eine Pflanze, die du auf vielen Seen oder Teichen bewundern kannst. Du siehst nur meine weiße Blüte und die Schwimmblätter. Mein langer Stiel ist unter Wasser und verbindet mich mit dem Gewässerboden. Mein Stiel kann über 2 Meter lang werden. Damit kann ich mich unterschiedlichen Wasserständen anpassen. Ich stehe unter Naturschutz.

☐ Ich bin eine weiße Seerose.

☐ Ich bin ein Rohrkolben.

☐ Ich bin eine Sumpfdotterblume.

Hast du die Seite fertig bearbeitet? Dann darfst du dir hinten einen Stern auf die Nummer 150 kleben.

61

Welche Tiere und Pflanzen kennst du?
Ordne die richtigen Nummern zu.

1. Teichfrosch
2. Stockente
3. Wasserläufer
4. Libelle
5. Fischreiher
6. Stichling
7. Forelle
8. Bachstelze

9. Kaulquappen
10. Sumpfdotterblume
11. Wasserschwertlilie
12. Wasserlinse

13. Weiße Seerose
14. Gelbe Teichrose
15. Breitblättriger Rohrkolben
16. Wasserhahnenfuß

Hast du die Seite fertig bearbeitet? Dann darfst du dir hinten Sterne auf die Nummern 86 und 87 kleben.

63

Zahlen aus der Naturwissenschaft

Wie viele Blätter kann eine 30-jährige Eiche haben?

☐ 20 000 ☐ 250 000 ☐ 1 000 000

Bis zu wie viele Ameisen leben zusammen in einem Ameisenhaufen?

☐ 8000 ☐ 80 000 ☐ 800 000

Der Wels ist der größte Fisch, der in Deutschland in Flüssen oder Seen lebt. Wie lang kann er werden?

☐ ca. 1,50 m ☐ ca. 2,50 m ☐ ca. 3,50 m

Wie oft schlägt eine Libelle in der Sekunde mit den Flügeln?

☐ 2-mal ☐ 30-mal ☐ 100-mal

Wie oft schlägt dein Herz ungefähr im Jahr?

☐ ca. 1 Million Mal ☐ ca. 10 Millionen Mal ☐ ca. 35 Millionen Mal

Wie groß ist der kleinste Knochen in deinem Körper?

☐ 3 mm ☐ 1 cm ☐ 14 cm

Welches war die höchste Temperatur, die in Deutschland jemals gemessen wurde?

☐ 30°C ☐ 41°C ☐ 53°C

Wie viele Vulkane gibt es ungefähr auf der Welt, die wieder ausbrechen können?

☐ 100 ☐ 800 ☐ 1500

Hast du die Seite fertig bearbeitet? Dann darfst du dir hinten Sterne auf die Nummern 125 und 150 kleben.